形式主义官僚主义面面观

顾保国◎编著

中共中央党校出版社

图书在版编目（CIP）数据

形式主义官僚主义面面观 / 顾保国编著 . -- 北京：中共中央党校出版社，2019.4（2022.11 重印）
ISBN 978-7-5035-6566-3

Ⅰ . ①形… Ⅱ . ①顾… Ⅲ . ①中国共产党—党的作风—学习参考资料 Ⅳ . ① D261.3

中国版本图书馆 CIP 数据核字（2019）第 066529 号

形式主义官僚主义面面观

责任编辑 蔡锐华
版式设计 柳淑燕
责任印制 陈梦楠
责任校对 马 晶
出版发行 中共中央党校出版社
地　　址 北京市海淀区长春桥路 6 号
电　　话 （010）68922815（总编室）　（010）68922233（发行部）
传　　真 （010）68922814
经　　销 全国新华书店
印　　刷 北京中科印刷有限公司
开　　本 690 毫米 ×980 毫米 1/16
字　　数 186 千字
印　　张 15
版　　次 2019 年 4 月第 1 版 2022 年 11 月第 5 次印刷
定　　价 48.00 元

微 信 ID：中共中央党校出版社　**邮　　箱**：zydxcbs2018@163.com

前　言

中国共产党第二十次全国代表大会，是在全党全国各族人民迈上全面建设社会主义现代化国家新征程、向第二个百年奋斗目标进军的关键时刻召开的一次十分重要的大会。党的二十大在政治上、理论上、实践上取得了一系列重大成果，就新时代新征程党和国家事业发展制定了大政方针和战略部署，是我们党团结带领人民全面建设社会主义现代化国家、全面推进中华民族伟大复兴的政治宣言和行动纲领。抓作风建设只有进行时，没有完成时。党的二十大对锲而不舍落实中央八项规定精神作出新部署。

党的作风就是党的形象，关系人心向背，关系党的生死存亡。2022年10月16日，习近平总书记在党的二十大报告中指出："在充分肯定党和国家事业取得举世瞩目成就的同时，必须清醒看到，我们的工作还存在一些不足，面临不少困难和问题。"而其中就有，习近平总书记所指出的："一些党员、干部缺乏担当精神，斗争本领不强，实干精神不足，形式主义、官僚主义现象仍较突出。"[①] 形式主义、官僚主义同我们党的性质、宗旨和优良作风格格不入，是我们党的大敌、人民的大敌。

① 习近平：《高举中国特色社会主义伟大旗帜　为全面建设社会主义现代化国家而团结奋斗——在中国共产党第二十次全国代表大会上的报告》（2022年10月16日），人民出版社2022年版，第14页。

党的二十大强调，坚持以严的基调强化正风肃纪，坚决打赢反腐败斗争攻坚战持久战。习近平总书记在党的二十大报告中指出：“锲而不舍落实中央八项规定精神，抓住‘关键少数’以上率下，持续深化纠治‘四风’，重点纠治形式主义、官僚主义，坚决破除特权思想和特权行为。”①这再次警示全党必须锲而不舍落实中央八项规定精神，要抓住反复出现的“四风”问题，抓住形式主义、官僚主义新特点深化整治。

习近平总书记2013年7月11日、12日在河北调研指导党的群众路线教育实践活动的讲话中深刻指出：“形式主义实质是主观主义、功利主义，根源是政绩观错位、责任心缺失，用轰轰烈烈的形式代替了扎扎实实的落实，用光鲜亮丽的外表掩盖了矛盾和问题。官僚主义实质是封建残余思想作祟，根源是官本位思想严重、权力观扭曲，做官当老爷，高高在上，脱离群众，脱离实际。”

习近平总书记2013年6月18日在党的群众路线教育实践活动工作会议上指出：“反对形式主义，要着重解决工作不实的问题，教育引导党员、干部改进学风文风会风，改进工作作风，在大是大非面前敢于担当、敢于坚持原则，真正把心思用在干事业上，把功夫下到察实情、出实招、办实事、求实效上。反对官僚主义，要着重解决在人民群众利益上不维护、不作为的问题，教育引导党员、干部深入实际、深入基层、深入群众，坚持民主集中制，虚心向群众学习，真心对群众负责，热心为群众服务，诚心接受群众监督，坚决整治消极应付、推诿扯皮、侵害群众利益的问题。”习近平总书记在十九届中央纪委三次全会上指出：“要把力戒形式主义、官僚主义作为重要任务，紧盯形式主义、官僚主义新动向

① 习近平：《高举中国特色社会主义伟大旗帜　为全面建设社会主义现代化国家而团结奋斗——在中国共产党第二十次全国代表大会上的报告》（2022年10月16日），人民出版社2022年版，第68页。

新表现，拿出有效管用的整治措施。”习近平总书记将力戒形式主义、官僚主义作为“加强党的政治建设，保证全党集中统一、令行禁止”的重要任务来部署，较之以往在纠治“四风”中谈及反对形式主义、官僚主义，重视程度再度升级、分量明显加重。这是一个显著的重要变化，意味着党中央将以较真、叫板、较劲的决心和意志，对形式主义、官僚主义穷追猛打。

形式主义、官僚主义等种种问题，根子在思想上，说到底是忘记了初心，改变了初心。共产党员的初心是什么？就是全心全意为人民服务之心，就是坚定践行以人民为中心的发展思想之心。没有了初心，也就没有了党性觉悟，没有了人民立场，就切断了与群众的血肉联系，各种形式主义、官僚主义等不良习气就会乘虚而入。毛泽东同志 1933 年 8 月 12 日在《必须注意经济工作》一文中指出，“要把官僚主义方式这个极坏的家伙抛到粪缸里去”。习近平总书记在 2017 年 12 月中共中央政治局召开的民主生活会上强调：“形式主义、官僚主义同我们党的性质宗旨和优良作风格格不入，是我们党的大敌、人民的大敌。”

形式主义与官僚主义是一对如影随形的孪生兄弟。两者不但有着共同的表现形态、思想根源、社会危害，而且形式主义往往借助于官僚主义得以滋生和蔓延，官僚主义反过来又保护、默认甚至倡导形式主义。正因为如此，邓小平同志 1992 年在南方谈话中深刻指出：“形式主义也是官僚主义。”当前，一些地方和部门纠治“四风”问题不力，形式主义、官僚主义依然严重，造成基层疲于应付过多的文件、会议和检查。正如习近平总书记所说：“基层的形式主义，根源不在下面，而是上行下效。”督查工作习惯于“开会才算重视，发文就算落实”，习惯于“重过程不重结果”，以会议贯彻会议、以文件落实文件的“虚落实”就成了通行证；上面考核评比唯台账是举、以材料论英雄，下面迎接考核“兵马未动，材料先行”便成了“有效经验”。

形式主义、官僚主义问题涉及面广，表现形式多样，但说到底，作风问题根本上还是党性问题。坚决刹住并最终剔除形式主义、官僚主义歪风，符合党心民心。我们党旗帜鲜明地与形式主义、官僚主义作坚决斗争，必须以最广大人民根本利益为我们一切工作的根本出发点和落脚点，努力办好办妥困扰群众的“烦心事”、拖累群众的“疑难事”、影响群众的“边角事”。

新时代新征程，我们党面临着许多严峻挑战，党内存在着许多亟待解决的问题。尤其是一些党员干部中发生的贪污腐败、脱离群众、形式主义、官僚主义等问题，必须下大气力解决。当前，形式主义、官僚主义依然突出，又有新的表现形式。要把力戒形式主义、官僚主义作为加强作风建设的重要任务，大力弘扬真抓实干作风，推进工作要实打实、硬碰硬，解决问题要雷厉风行、见底见效，面对难题要敢抓敢管、敢于担责。

纠治“四风”不能止步，作风建设永远在路上。习近平总书记曾经就新华社一篇《形式主义、官僚主义新表现值得警惕》的文章作出重要指示，并向全党提出了改进作风的新的明确要求。反对形式主义、官僚主义，我们党有严明的纪律规定。《关于新形势下党内政治生活的若干准则》规定，反对形式主义，重在解决作风漂浮、工作不实，文山会海、表面文章，贪图虚名、弄虚作假等问题。反对官僚主义，重在解决脱离实际、脱离群众，消极应付、推诿扯皮，作风霸道、迷恋特权等问题。

我们正意气风发迈上全面建设社会主义现代化国家新征程，向第二个百年奋斗目标进军，以中国式现代化全面推进中华民族伟大复兴。广大党员干部要用习近平新时代中国特色社会主义思想武装头脑，把学习宣传贯彻党的二十大精神作为当前和今后一个时期的首要政治任务，深刻领悟“两个确立”的决定性意义，增强“四个意识”、坚定“四个自信”、做到“两个维护”，自觉在思想上政治上行动上同以习近平同志为核心的党中央保持高度一致，弘扬党的光荣传统和优良作风，严格执行中央八项规定，反对“四风”尤其是形式主义、官僚主义，严于律己、严管所辖、严负其责，提高党性觉悟，增强拒腐防变能力，敢于担当、积极作为，务必不忘初心、牢记使命，务必谦虚谨慎、艰苦奋斗，务必敢于斗争、善于斗争，埋头苦干、奋勇前进，为全面建设社会主义现代化国家、全面推进中华民族伟大复兴而团结奋斗。

目　录

第一种　脱离群众

官僚主义和形式主义有着共同的特征，就是脱离实际，脱离群众；好摆门面，好说空话；不讲实效，不负责任。官僚主义依靠形式主义装饰门面，形式主义依靠官僚主义求得生存。追根溯源，形式主义的滋生蔓延，主要是官僚主义为其起着催生、助长和保护作用。官僚主义和形式主义是一对孪生兄弟，二者有着相同的思想根源，说到底都是脱离实际的主观主义，贪图名利的功利主义。官僚主义存在一日，形式主义就会猖獗一时。不破除官僚主义，难以根治形式主义。

经典论述

教条主义、经验主义、命令主义、尾巴主义、宗派主义、官僚主义、骄傲自大的工作态度等项弊病之所以一定不好，一定要不得，如果什么人有了这类弊病一定要改正，就是因为它们脱离群众。我们的代表大会应该号召全党提起警觉，注意每一个工作环节上的每一个同志，不要让他脱离群众。

——毛泽东：《论联合政府》（1945 年 4 月 24 日），《毛泽东选集》第三卷，人民出版社 1991 年版，第 1095 页。

形式主义实质是主观主义、功利主义，根源是政绩观错位、责任心缺失，用轰轰烈烈的形式代替了扎扎实实的落实，用光鲜亮丽的外表掩盖了矛盾和问题。官僚主义实质是封建残余思想作祟，根源是官本位思想严重、权力观扭曲，做官当老爷，高高在上，脱离群众，脱离实际。

——习近平：《在河北调研指导党的群众路线教育实践活动时的讲话》（2013 年 7 月 11 日、12 日），《习近平总书记关于反对形式主义官僚主义重要论述摘录》（2012 年 11 月—2018 年 4 月），人民网—中国共产党新闻网 2018 年 5 月 28 日。

锲而不舍落实中央八项规定精神，抓住“关键少数”以上率下，持续深化纠治“四风”，重点纠治形式主义、官僚主义，坚决破除特权思想和特权行为。

——习近平：《高举中国特色社会主义伟大旗帜　为全面建设社会主义现代化国家而团结奋斗——在中国共产党第二十次全国代表大会上的报告》（2022 年 10 月 16 日），人民出版社 2022 年版，第 68 页。

党的作风就是党的形象，关系人心向背，关系党的生死存亡。作风建设永远在路上。新时代十年来，全面从严治党从制定和落实中央八项规定开局破题，十年查处违反中央八项规定精神问题76.1万件，党纪政务处分68.3万人。“我们持之以恒正风肃纪，以钉钉子精神纠治‘四风’，反对特权思想和特权现象，坚决整治群众身边的不正之风和腐败问题，刹住了一些长期没有刹住的歪风，纠治了一些多年未除的顽瘴痼疾。”[①] 习近平总书记指出：“作风问题，核心是党和人民群众的关系问题，根本是始终保持党同人民群众的血肉联系。”[②]“通过不断增强人民群众的获得感、幸福感、安全感，赢得群众对党的信任和拥护。”[③]

一、贯彻落实党的二十大精神，锲而不舍落实中央八项规定精神，持续深化纠治“四风”，重点纠治形式主义、官僚主义

我们党在革命、建设、改革的过程中始终保持同人民群众的密切联系，赢得了人民群众的信赖和支持。在党的七大上，毛泽东同志强调：“二十四年的经验告诉我们，凡属正确的任务、政策和工作作风，都是和当时当地的群众要求相适合，都是联系群众的；凡属错误的任务、政策和工作作风，都是和当时当地的群众要求不相适合，都是脱离群众的。

① 习近平：《高举中国特色社会主义伟大旗帜　为全面建设社会主义现代化国家而团结奋斗——在中国共产党第二十次全国代表大会上的报告》（2022年10月16日），人民出版社2022年版，第13页。

② 习近平：《在党的群众路线教育实践活动总结大会上的讲话》（2014年10月8日），《十八大以来重要文献选编》（中），中央文献出版社2016年版，第88页。

③ 习近平：《在全国组织工作会议上的讲话》（2018年7月3日），人民出版社2018年版，第15页。

教条主义、经验主义、命令主义、尾巴主义、宗派主义、官僚主义、骄傲自大的工作态度等项弊病之所以一定不好，一定要不得，如果什么人有了这类弊病一定要改正，就是因为它们脱离群众。”[①] 全心全意为人民服务，一刻也不脱离群众；一切从人民的利益出发，而不是从个人或小集团的利益出发；向人民负责和向党的领导机关负责的一致性。这些是中国共产党的初心所系、宗旨所在。

进入新时代，面临新形势新任务新要求，习近平总书记敏锐察觉到形式主义、官僚主义是当前党内存在的突出矛盾和问题，是我们党的大敌、人民的大敌，必须坚决予以克服。2018 年 6 月 29 日，十九届中央政治局就加强党的政治建设举行第六次集体学习，习近平总书记在主持学习时强调：“加强党的政治建设，要紧扣民心这个最大的政治，把赢得民心民意、汇集民智民力作为重要着力点。要站稳人民立场，贯彻党的群众路线，同人民想在一起、干在一起，坚决反对‘四风’特别是形式主义、官僚主义，始终保持党同人民群众的血肉联系。”2019 年 3 月，中共中央办公厅印发《关于解决形式主义突出问题为基层减负的通知》，明确提出将 2019 年作为“基层减负年”。

习近平总书记关于坚决整治形式主义、官僚主义的一系列重要讲话和批示精神，为新形势下作风建设抓什么、怎么抓的问题指明了方向，要求着重解决在人民群众利益上不维护、不作为的问题，教育引导党员、干部深入实际、深入基层、深入群众，坚决整治消极应付、推诿扯皮、侵害群众利益的问题。《关于贯彻落实习近平总书记重要指示精神　集中整治形式主义、官僚主义的工作意见》明确指出了群众反映强烈的形式主义、官僚主义突出表现主要有：漠视群众利益和疾苦，对群众反映

① 毛泽东：《论联合政府》（1945 年 4 月 24 日），《毛泽东选集》第三卷，人民出版社 1991 年版，第 1095 页。

强烈的问题无动于衷、消极应付，对群众合理诉求推诿扯皮、冷硬横推，对群众态度简单粗暴、颐指气使；便民服务单位和政务服务窗口态度差、办事效率低，政务服务热线、政府网站、政务 APP 运行“僵尸化”；“新官不理旧事”，言而无信，重招商轻落地、轻服务，影响营商环境。作为新时代的党员干部，必须勇于担当作为、积极干事创业，服务群众、造福群众，把精力和心思用在稳增长、促改革、调结构、惠民生、防风险上，用在破难题、克难关、着力解决人民群众最关心最直接最现实的利益问题上。

党的二十大在政治上、理论上、实践上取得了一系列重大成果，就新时代新征程党和国家事业发展制定了大政方针和战略部署，是我们党团结带领人民全面建设社会主义现代化国家、全面推进中华民族伟大复兴的政治宣言和行动纲领。抓作风建设只有进行时，没有完成时。党的二十大对锲而不舍落实中央八项规定精神作出新部署。习近平总书记在党的二十大报告中指出：“锲而不舍落实中央八项规定精神，抓住‘关键少数’以上率下，持续深化纠治‘四风’，重点纠治形式主义、官僚主义，坚决破除特权思想和特权行为。”[①] 抓住反复出现的“四风”问题，抓住形式主义、官僚主义新特点深化整治，是落实党的二十大精神的重要内容。广大党员干部要深刻领悟“两个确立”的决定性意义，增强“四个意识”、坚定“四个自信”、做到“两个维护”，发扬自我革命精神，提高斗争本领，严于律己、严负其责、严管所辖，切实落实党的二十大对全面从严治党的新部署，既要狠抓当前，又要着眼长远，多办打基础、利长远的事，防止搞形式主义、官僚主义。

---

① 习近平：《高举中国特色社会主义伟大旗帜　为全面建设社会主义现代化国家而团结奋斗——在中国共产党第二十次全国代表大会上的报告》（2022 年 10 月 16 日），人民出版社 2022 年版，第 68 页。

二、要迎难而上，彰显新时代共产党人的优秀品质

作为党员干部，应有这样的品质，迎难而上、不畏艰辛、不计较个人得失，一切以群众利益为核心。而个别党员干部没彰显共产党员的品质，只顾眼前个人利益得失，遇到困难就想退缩、推诿，没有一个党员应有的担当。这种“遇利则上、知难而退”的负面精神会使得个别党员干部意志逐渐薄弱，顾虑重重、抱残守缺的思想也随之而来，从而消退了一个党员干部应有的朝气、锐气、正气，助长了骄气、暮气、惰气，长此以往会渐渐失去正确的方向，迷失自我。有的党员在困难面前退缩，在党和人民需要的时候推诿，没有责任感与正确的荣辱观，应有的价值观扭曲了，在利益面前蒙蔽了心智，做出了错误的选择。正如习近平总书记 2018 年在全国组织工作会议上所指出的：“有的干事创业精气神不够，不担当、不作为，奉行‘既不落后头，也不出风头’，怕决策失误，不敢拍板定事，干工作推诿拖延”。正因如此，我们要彰显党员干部应有的迎难而上的精神、坚韧不拔的优秀品质；正因为有了迎难而上的精神，党内的队伍面貌得到更新，风气得到净化。在长期的奋斗实践中，迎难而上的精神得到诠释，形成了以伟大建党精神为源头的精神谱系。我们党的队伍中所涌现的刘胡兰、江竹筠、董存瑞、邱少云、雷锋、王进喜、焦裕禄、孔繁森、甘祖昌、谷文昌、杨善洲、沈浩、郭明义、邹碧华、南仁东等一大批英雄模范，也无不体现着奉献、迎难而上的精神。如果党员干部都在乎个人利益，遇到困难退缩，何来这些具有时代特征的伟大精神，何以涌现出这么多优秀共产党人？作为走在中华民族伟大复兴路上一个重要的组成部分，更要摈弃“遇利则上、知难而退”的负面影响，为新时代的建设做出自己的贡献。

“一心为公是政理，贪权谋私是祸根。”这是周恩来同志警示自己，同时来鞭策党员干部的话。提醒所有的党员干部要一心奉公，切莫贪权

谋私，不能因为一己私利侵害群众利益。作为党员干部，应当保持以身作则，紧守勤政廉洁、实事求是、不畏艰辛的优良操守。下面分享一则周恩来同志廉政小故事。

1958 年 7 月，周恩来同志到广东省新会县视察，风尘仆仆，日夜操劳，确实辛苦。时任该县的县委书记党向民同志看到眼里，急在心里，感到实在过意不去，就在周恩来同志离开新会的前夕，悄悄地安排设宴为其送行。宴会地点，被安排在县委院内的一间小屋里；厨师，就是县委伙房的炊事员，而且没什么美酒佳肴，只是些瓜菜而已。尽管这样，在吃喝将近结束时，周恩来同志语重心长地说："党向民同志，你一月有多少收入，我清清楚楚。这样一顿饭，你请不起，还是让我出钱，算我请客吧！"周恩来同志随即示意他的秘书，把 300 元人民币交给了县委的司务长。

周恩来同志以自己的行动来诠释作为一名党的领导干部该有的清廉生活作风。无论是在生活上还是在工作上都要严于律己，"利字头上一把刀"，党员干部须看清这个"利"，是群众的大"利"还是自己个人的小"利"，千万不要被一些外界因素蒙蔽双眼，做出错误的选择。"利"字头上悬挂着的"正义之剑"可以随时斩落，自己也将会无处遁形。党风问题关系执政党的生死存亡。习近平总书记在党的二十大报告中强调："坚持以严的基调强化正风肃纪。"并明确指出："弘扬党的光荣传统和优良作风，促进党员干部特别是领导干部带头深入调查研究，扑下身子干实事、谋实招、求实效。"[①] 党的干部要以对党忠诚、为党分忧、为党尽职、为民造福的政治担当，以守土有责、守土负责、守土尽责的责任担

① 习近平：《高举中国特色社会主义伟大旗帜 为全面建设社会主义现代化国家而团结奋斗——在中国共产党第二十次全国代表大会上的报告》（2022 年 10 月 16 日），人民出版社 2022 年版，第 68 页。

当，干出得到人民认可、经得起历史检验的业绩。

知识链接

周恩来同志将官僚主义分为二十种表现

第一种，高高在上，孤陋寡闻，不了解下情，不调查研究，不抓具体政策，不做政治思想工作，脱离群众，脱离实际，一旦发号施令，必将误国误民。这是脱离领导、脱离群众的官僚主义。

第二种，狂妄自大，骄傲自满；主观片面，粗枝大叶；不抓业务，空谈政治；不听人言，蛮横专断；不顾实际，胡乱指挥。这是强迫命令式的官僚主义。

第三种，从早到晚，忙忙碌碌，一年到头，辛辛苦苦；对事情没有调查，对人员没有考察；发言无准备，工作无计划；既不研究政策，又不依靠群众，盲目单干，不辨方向。这是无头脑的、迷失方向的、事务主义的官僚主义。

第四种，官气熏天，不可向迩；唯我独尊，使人望而生畏；颐指气使，不以平等待人；作风粗暴，动辄破口骂人。这是老爷式的官僚主义。

第五种，不学无术，耻于下问；浮夸谎报，瞒哄中央；弄虚作假，文过饰非；功则归己，过则归人。这是不老实的官僚主义。

第六种，遇事推诿，怕负责任；承担任务，讨价还价；办事拖拉，长期不决；麻木不仁，失掉警惕。这是不负责任的官僚主义。

第七种，遇事敷衍，与人无争；老于世故，巧于应付；上捧下拉，面面俱圆。这是做官混饭吃的官僚主义。

第八种，学政治不成，钻业务不进；语言无味，领导无方；尸位素餐，滥竽充数。这是颟顸无能的官僚主义。

第九种，糊糊涂涂，混混沌沌，人云亦云，得过且过，饱食终日，无所用心；一问三不知，一曝十日寒。这是糊涂无用的官僚主义。

第十种，文件要人代读，边听边睡，不看就批，错了怪人；对事情心中无数，又不愿跟人商量，推来推去，不了了之；对上则支支吾吾，唯唯诺诺，对下则不懂装懂，指手划脚，对同级则貌合神离，同床异梦。这是懒汉式的官僚主义。

第十一种，机构庞杂，人浮于事，重床叠屋，团团转转，人多事乱，不务正业，浪费资财，破坏制度。这是机关式的官僚主义。

第十二种，指示多，不看；报告多，不批；表报多，不用；会议多，不传；来往多，不谈。这是文牍主义和形式主义的官僚主义。

第十三种，图享受，怕艰苦；好伸手，走后门；一人做“官”，全家享福，一人得道，鸡犬升天；请客送礼，置装添私；苦乐不均，内外不一。这是特殊化的官僚主义。

第十四种，“官”越做越大，脾气越来越坏，生活要求越来越高，房子越大越好，装饰越贵越好，供应越多越好；领导干部这样，必定引起周围的人铺张浪费，左右的人上下其手。这是摆官架子的官僚主义。

第十五种，假公济私，移私作公；监守自盗，执法犯法；多吃多占，不退不还。这是自私自利的官僚主义。

第十六种，伸手向党要名誉，要地位，不给还不满意；对工作挑肥拣瘦，对待遇斤斤计较；对同事拉拉扯扯，对群众漠不关心。这是争名夺利的官僚主义。

第十七种，多头领导，互不团结；政出多门，工作散乱；互相排挤，上下隔阂；既不集中，也无民主。这是闹不团结的官僚主义。

第十八种，目无组织，任用私人，结党营私，互相包庇；封建关系，派别利益；个人超越一切，小公损害大公。这是宗派性的官僚主义。

第十九种，革命意志衰退，政治生活退化；靠老资格，摆官架子；大吃大喝，好逸恶劳，游山玩水，走马观花；既不用脑，也不动手；不注意国家利益，不关心群众生活。这是蜕化变质的官僚主义。

第二十种，助长歪风邪气，纵容坏人坏事；打击报复，违法乱纪，压制民主，欺凌群众；直至敌我不分，互相勾结，作奸犯科，害党害国。这是走上非常危险道路的官僚主义。

（资料来源：周恩来：《反对官僚主义》（1963年5月29日），《周恩来选集》下卷，人民出版社1984年版，第418—422页）

三、紧紧抓住人民最关心最直接最现实的利益问题，不断实现人民对美好生活的向往

习近平总书记指出："干部敢于担当作为，这既是政治品格，也是从政本分。"[①] 作为地方或者部门党员干部尤其是领导干部，需认清所作所为有没有为当地群众有效地解决实际问题；多去探讨如何便捷为群众服务，切勿因为困难矛盾望而却步，要勇敢地去克服困难；在利益面前保持清醒的状态，需认知你所谓的"利"关乎着千万群众的"利"。牢记党章规定："坚持党和人民的利益高于一切，个人利益服从党和人民的利益，吃苦在前，享受在后，克己奉公，多做贡献。"现实中无论什么样的职位，都会有自身的职责，也会面临许多难题和矛盾，如果知难而退，见到问题就退缩，遇到麻烦就止步，工作落实自然无从谈起，很多服务于民工作就会悬在半空，落不到地上。而更为可怕的是，明明未干好的事情，相关干部却要欺上瞒下，把未完成的事说成已完成；把本该眼见为实的事，凭主观想象作判断，上报完成任务，导致上级了解工作失实，带来

① 习近平：《努力造就一支忠诚干净担当的高素质干部队伍》（2018年11月26日），《求是》2019年第2期。

一系列隐患。为官从政，实事求是是根本，攻坚克难是常态，哪有轻轻松松就能完成的事，尤其是在服务群众第一线等急难险重事宜，需要经常啃“硬骨头”，怕困难、怕麻烦，怎么能干出成绩？怎么能交出合格的答卷？

四、用党的创新理论武装头脑，坚定理想信念

习近平总书记在党的二十大报告中指出：“马克思主义是我们立党立国、兴党兴国的根本指导思想。实践告诉我们，中国共产党为什么能，中国特色社会主义为什么好，归根到底是马克思主义行，是中国化时代化的马克思主义行。拥有马克思主义科学理论指导是我们党坚定信仰信念、把握历史主动的根本所在。”①

党的十八大以来，以习近平同志为主要代表的中国共产党人，深刻把握国际国内形势的新变化和实践新要求，从理论和实践的结合上深入回答关系党和国家事业发展、党治国理政的一系列重大时代课题，取得重大创新成果，集中体现为习近平新时代中国特色社会主义思想。党的十九大、十九届六中全会提出的“十个明确”、“十四个坚持”、“十三个方面成就”概括了习近平新时代中国特色社会主义思想的主要内容，必须长期坚持并不断丰富发展。习近平新时代中国特色社会主义思想是对马克思列宁主义、毛泽东思想、邓小平理论、“三个代表”重要思想、科学发展观的继承和发展，是当代中国马克思主义、二十一世纪马克思主义，是中华文化和中国精神的时代精华，是党和人民实践经验和集体智慧的结晶，是中国特色社会主义理论体系的重要组成部分，是全党全

---

① 习近平：《高举中国特色社会主义伟大旗帜　为全面建设社会主义现代化国家而团结奋斗——在中国共产党第二十次全国代表大会上的报告》（2022年10月16日），人民出版社2022年版，第16页。

国人民为实现中华民族伟大复兴而奋斗的行动指南，必须长期坚持并不断发展。

习近平总书记在党的二十大报告中指出："用党的创新理论武装全党是党的思想建设的根本任务。全面加强党的思想建设，坚持用新时代中国特色社会主义思想统一思想、统一意志、统一行动，组织实施党的创新理论学习教育计划，建设马克思主义学习型政党。"[①] 新时代新征程党员干部要全面把握习近平新时代中国特色社会主义思想的世界观、方法论和贯穿其中的立场观点方法，深刻领会"两个结合"即把马克思主义基本原理同中国具体实际相结合、同中华优秀传统文化相结合，深刻领会"六个坚持"即坚持人民至上、坚持自信自立、坚持守正创新、坚持问题导向、坚持系统观念、坚持胸怀天下，正确认识把握习近平新时代中国特色社会主义思想的精神实质。

坚定理想信念，坚守共产党人精神追求，始终是共产党人安身立命的根本。对马克思主义的信仰，对社会主义和共产主义的信念，是共产党人的政治灵魂，是共产党人经受住任何考验的精神支柱。形象地说，理想信念就是共产党人精神上的"钙"，没有理想信念，理想信念不坚定，精神上就会"缺钙"，就会得"软骨病"。党员干部要坚持学思用贯通、知信行统一，把习近平新时代中国特色社会主义思想转化为坚定理想、锤炼党性和指导实践、推动工作的强大力量，务必不忘初心、牢记使命，务必谦虚谨慎、艰苦奋斗，务必敢于斗争、善于斗争，担当作为、求真务实，把各项工作抓紧抓好，让人民群众看到学习贯彻党的二十大精神的实际成效。

---

① 习近平：《高举中国特色社会主义伟大旗帜　为全面建设社会主义现代化国家而团结奋斗——在中国共产党第二十次全国代表大会上的报告》（2022 年 10 月 16 日），人民出版社 2022 年版，第 65 页。

典型案例

别做“只微笑不办事”的木偶

2017年5月2日，湖北省纪委通报了黄石市国土局不动产登记中心办证难、办证慢问题。该中心从2016年7月1日成立以来，对群众反映的办证服务窗口少、业务咨询号发放少、办事效率低下等问题长期不整改，导致群众长时间排队办证，造成严重不良影响。6名责任人分别受到党纪政纪处分或组织处理。

党的十八大以来，随着正风反腐的不断深入，党员干部作风有了明显好转，服务群众意识显著提升。但一些“四风”陋习并未根除，明目张胆、顶风而上的“门难进、脸难看、话难听、事难办”现象在一些地方演变成了“门好进、脸好看、话好听，事还是不办”。

有的单位口号喊得响亮，服务承诺、工作程序、行为规范等“写在纸上、挂在墙上，显示在电子屏幕上”，但就是不照着去做；有的手续繁杂，虽然笑脸相迎，但却以材料不全、领导不在、没有惯例等理由故意拖延，让群众和企业来回折腾、处处为难。福建省平潭综合实验区土地储备中心在为某公司办理土地置换手续时，具体经办人员服务不到位、慢作为问题严重。早在2013年1月就确认了置换林地面积，但直至2016年4月才向林业部门申请林地预审，到2016年10月才完成土地置换手续，前后共耗时3年10个月。

一些党员干部工作消极应付，服务群众效率低下，对前来办事的群众和颜悦色，当面答应得很干脆，过后照样不办理，让群众碰“软钉子”，看似态度和蔼可亲，办事效果却让人烦心。2017年1月10日，广东省汕尾市纪委发布通报称，陆丰市人社局换发一退休职工新一代社保卡长达18个月未果，超审批时限未办结抚恤费、岗位聘用、中小企业小额贷款担保等审批事项37宗，该局原局长张东升等9名责任人分别受到党纪政务处分。

“干部作风不严不实，‘买单’的是广大群众。这种表面和蔼、只微笑不办事的‘木偶’，实质上就是懒政怠政，会啃噬群众的获得感。”江西省赣州市纪检干部彭灵燕说。

干群之间的“隔心墙”

“为官当存公仆之志，执政宜秉为民之心。”不以承担责任为荣，敷衍塞责；不以群众利益为重，明哲保身；不以团结合作为原则，不管闲事；不以开拓进取为目标，得过且过……这些都源于党员干部自身宗旨意识淡薄、担当意识不强。

迷茫不敢为，前景一潭死水。一些党员干部怕工作失误、冒风险，担心踩到“红线”，怕承担责任，就把“不出事”奉为最高原则，畏首畏尾、缩手缩脚。

“足寒伤心，民寒伤国。”如此作风伤害的是民心，严重背离党的性质和宗旨，如果任其泛滥，就会成为挡在党和群众之间的“隔心墙”，割裂党和群众的血肉联系，严重损害党和政府形象。

为官要有肝胆，要有担当精神

习近平总书记指出：“党的干部都是人民公仆，自当在其位谋其政，既廉又勤，既干净又干事。”“我们做人一世，为官一任，要有肝胆，要有担当精神，应该对‘为官不为’感到羞耻，应该予以严肃批评。”

根除为官不为的不良作风，各级党组织必须强化思想教育，引导党员干部增强宗旨观念，让群众意识、公仆意识真正内化于心、外化于行，彻底摈弃不良习气，自觉做到与群众感情零距离、为群众服务无障碍。

要进一步加强干部管理和考核，建立“能上能下”的激励机制，解决“干与不干一个样、干多干少一个样、干好干坏一个样”的弊病，激发党员干部“愿干事”“肯干事”“干好事”的积极性，把为民担当变为内心深处的价值追求，用自己的“辛苦指数”换来群众的“幸福指数”。

“纪检监察机关要强化监督执纪问责，对光是脸面好看，办事推诿拖延、效率低下，服务质量差，或者对群众反映的问题改进不及时，造成不良影响的，严肃问责追究，坚决整治‘当一天和尚撞一天钟’现象。”河南省扶沟县委常委、县纪委书记常青表示。

“不敢担当，老本输光；不转作风，堡垒难攻；不争一流，老气横秋。”日前，河南省舞阳县针对党员干部队伍中存在的问题，专门出台了《党员干部懒政怠政为官不为问责办法》，对“决策失误、执行不力、监管缺位、纪律松懈、效率低下”等影响工作进程、贻误事业发展、损害群众利益的行为予以严肃问责，在全县党员干部中凝聚了一心一意谋发展、撸起袖子加油干的良好氛围。

作风彰显形象，作风成就事业。各级党员干部只有从自己的一言一行、一举一动开始，把百姓的小事当成心头大事，把为官一任、造福一方作为肩上重任，以扎实的工作成效赢得群众的信赖和拥护，才能不负时代重托。

（资料来源：《别做“只微笑不办事”的木偶》，《中国纪检监察报》2017年5月17日）

案例启示

以上案例充分体现了一些领导干部秉持着“知难而退”的负面思想，不作为、乱作为、不以人民利益为核心，对于该负的责任相互“踢皮球”，无形间拉开了党跟人民的距离。由于一些地方领导干部和政府部门的执政为民理念越来越模糊，群众观念淡薄、管理思想贫乏、施政方式粗糙、工作方法简单、执政能力不高、执政信心不足，政府的“懒政”新闻不断发生，闹剧不胜枚举。“懒政”危害的是党和政府的形象，失去的是党和政府的公信力，动摇的是党的执政基础。

案例中的几起问题是典型的形式主义、官僚主义表现，严重影响了党群关系，损害了党和政府形象。这些受到处理的党员干部，有的落实党中央重大决策部署和上级要求照本宣科、生搬硬套，行动少落实差，甚至打折扣、做选择、搞变通；有的对群众呼声麻木不仁，对解决群众实际困难和问题推诿扯皮、敷衍塞责；有的不尚实干、不求实效，不担当不作为不负责，作风拖沓，慵懒怠政，甚至弄虚作假；有的为发文而发文，文件照抄照转，检查考核搞形式、走过场、不求实效。这些党员干部受到严肃处理，教训极为深刻，广大党员干部务必引以为戒。就湖北省黄石市不动产登记中心部分工作人员漠视群众利益和疾苦等问题来说，一味强调客观条件限制，拒不落实上级部门多次整改要求，反而擅自作出每天限号50个的受理业务决定，导致“办证难、办证慢”问题始终未得到有效解决，甚至出现“哪怕闲着，没有号，也不受理登记”的情况。黄石市国土资源局有关领导缺乏主动担当，行动上消极懈怠，对不动产登记中心存在的问题听之任之，官僚主义作风严重。部分基层党组织软弱涣散，党员干部不担当不作为，落实党中央决策部署不用心、不务实、不尽力，口号喊得震天响、行动起来轻飘飘，屡见不鲜。党的十八大以来，以习近平同志为核心的党中央以身作则、率先垂范，“四风”基本刹住。但是“四风”问题流弊已久、积习甚深、根深蒂固，与享乐主义、奢靡之风问题相比，形式主义、官僚主义问题更为顽固复杂、更为深层根本，整治难度更大、任务更艰巨。如果这些部门的作风有问题，处理工作的核心转移，本当以群众利益为中心转为以自身利益为中心，失去作为党员干部尤其是领导干部应有的责任与担当。要与群众打成一片，哪里困难多，哪里辛苦，哪里是解决群众矛盾的第一线，就往哪里去。为群众办事雷厉风行，不可出现“懒政”“怠政”现象。

深度思考

1. 良好干群关系的实现离不开制度建设，哪些制度建设有利于维护、实现良好的干群关系？

2. 基层当中存在的脱离群众的现象都有什么特点？

3. 习近平总书记关于干群关系有哪些经典论述？

第二种　强迫命令式

命令主义，是指违反群众意愿，靠强迫命令行事的错误倾向，是官僚主义的一种表现。主要特征是不根据实际情况和群众的觉悟程度，只凭个人主观愿望解决问题，并采取简单粗暴的方式，单纯依靠行政命令，强迫群众接受违背他们的意向和他们尚未明了的事。

经典论述

一切工作，如果仅仅提出任务而不注意实行时候的工作方法，不反对官僚主义的工作方法而采取实际的具体的工作方法，不抛弃命令主义的工作方法而采取耐心说服的工作方法，那末，什么任务也是不能实现的。

——毛泽东：《关心群众，注意工作方法》（1934 年 1 月 27 日），《毛泽东选集》第一卷，人民出版社 1991 年版，第 140 页。

官僚主义现象是我们党和国家政治生活中广泛存在的一个大问题。它的主要表现和危害是：高高在上，滥用权力，脱离实际，脱离群众，好摆门面，好说空话，思想僵化，墨守陈规，机构臃肿，人浮于事，办事拖拉，不讲效率，不负责任，不守信用，公文旅行，互相推诿，以至官气十足，动辄训人，打击报复，压制民主，欺上瞒下，专横跋扈，徇私行贿，贪赃枉法，等等。

——邓小平：《党和国家领导制度的改革》（1980 年 8 月 18 日），《邓小平文选》第二卷，人民出版社 1994 年版，第 327 页。

经过十八大以来全面从严治党，我们解决了党内许多突出问题，但党面临的执政考验、改革开放考验、市场经济考验、外部环境考验将长期存在，精神懈怠危险、能力不足危险、脱离群众危险、消极腐败危险将长期存在。

——习近平：《高举中国特色社会主义伟大旗帜　为全面建设社会主义现代化国家而团结奋斗——在中国共产党第二十次全国代表大会上的报告》（2022 年 10 月 16 日），人民出版社 2022 年版，第 63—64 页。

命令主义是官僚主义的表现形式之一，是指违反群众的意愿，只凭强迫命令办事的领导作风。主要表现在：不顾客观实际情况和群众的觉悟程度，依靠领导者个人的主观愿望决定问题，并采取简单粗暴、行政命令的方式，强迫群众接受违背他们意向或他们尚未明了的事情。

一、命令主义、“尾巴主义”背离党的宗旨，背离党的群众路线，也伤害了民主作风

毛泽东同志提出要反对官僚主义和命令主义这两种在群众工作中出现的、同群众观点根本对立的“主义”。在 1934 年 1 月 27 日发表的《关心群众生活，注意工作方法》中，毛泽东同志指出：“不反对官僚主义的工作方法而采取实际的具体的工作方法，不抛弃命令主义的工作方法而采取耐心说服的工作方法，那末，什么任务也是不能实现的。”他分析说，官僚主义表现为对群众不理不睬的敷衍塞责的“怠工”；命令主义表现为用强迫命令的办法去执行苏维埃工作，表面上“不怠工”，结果是群众反感，使政府失去信用。命令主义实际上是官僚主义的另一种表现形式，在群众工作中经常出现，影响很坏。1946 年 4 月 11 日，毛泽东同志在为党中央起草的《纠正群众工作中错误的几个问题》中，明确指出：“命令主义，表面上是在积极发动群众，实际上是用少数人包办及强迫群众服从的办法，代替群众自觉的与有组织的斗争，即用非群众路线代替群众路线。”这种作风十分顽固，在全国解放后依然存在。

毛泽东同志指出：“在一切工作中，命令主义是错误的，因为它超过群众的觉悟程度，违反了群众的自愿原则，害了急性病。我们的同志不

要以为自己了解了的东西，广大群众也和自己一样都了解了。群众是否已经了解并且是否愿意行动起来，要到群众中去考察才会知道。如果我们这样做，就可以避免命令主义。”[①] 命令主义违背党的群众路线和民主作风，破坏党同群众的关系，必须坚决克服。一是命令主义背离了群众路线。命令主义表面上是动员群众、服务群众，实际上却是不顾群众意愿，甚至给群众利益造成了重大损害。比如，有的地方在环保督察中，存在思维认识片面、工作方法简单的现象，对洗车店、餐饮店等关系群众正常生产生活的行业企业，采取“一刀切”关闭的粗暴措施。这实际上是以命令主义、形式主义的方法敷衍环保督察。二是命令主义也伤害了民主作风。有的领导干部不听群众意见，不管地方实际，不顾市场规律，大搞面子工程、政绩项目；有的领导干部不做调查研究，不经民主决策，仅凭个人喜好，喊口号、乱表态、空许愿，拍着脑袋定方向、出政策、上项目；有的领导干部开展工作时以说一不二、独断专行“出名”，甚至闹出“当书记没市长”“当市长没书记”等官场笑话。党员干部要热爱人民群众，细心地倾听群众的呼声，和群众打成一片，不是高居群众之上，而是深入群众之中，根据群众的觉悟程度，去启发和提高他们的觉悟，在群众出于内心自愿的原则之下，逐步地领导群众展开工作。

1951 年年底到 1952 年 10 月，随着全国“三反”“五反”运动的开展，毛泽东同志把反对官僚主义斗争作为一项重要内容，指出：“应把反贪污、反浪费、反官僚主义的斗争看作同镇压反革命的斗争一样的重要。”1953 年 1 月，毛泽东批改了《中共中央关于反对官僚主义、反对命令主义、反对违法乱纪的指示》，他认为“官僚主义和命令主义在我

① 毛泽东：《论联合政府》（1945 年 4 月 24 日），《毛泽东选集》第三卷，人民出版社 1991 年版，第 1095 页。

们的党和政府，不但在目前是一个大问题，就是在一个很长的时期内还将是一个大问题”，提出“凡典型的官僚主义、命令主义和违法乱纪的事例，应在报纸上广为揭发。其违法情形严重者必须给以法律的制裁，如是党员必须执行党纪”。

1951 年 6 月 11 日至 15 日，邓小平同志出席中共中央西南局委员会第六次全体会议并在会上作报告。11 日，他在报告中指出：“党的领导经常注意在思想上防止骄傲自满情绪，在组织上克服无政府无纪律状态，在工作中反对命令主义。”自 1978 年实行改革开放和中国特色社会主义建设以来，反对官僚主义进入新阶段。在改革开放新时期，邓小平同志没有简单地停留在对官僚主义的表面认识上，他进一步分析指出：“我们现在的官僚主义现象，除了同历史上的官僚主义有共同点以外，还有自己的特点，既不同于旧中国的官僚主义，也不同于资本主义国家中的官僚主义。它同我们长期认为社会主义制度和计划管理制度必须对经济、政治、文化、社会都实行中央高度集权的管理体制有密切关系。”① 邓小平同志对于反对形式主义、官僚主义有过许多重要论述，比如：“在干部中要进行整风，反对官僚主义和命令主义。哪怕是辛辛苦苦的官僚主义也好，哪怕是艰苦奋斗的命令主义也好，都在反对之列。”② “我们必须向这些脱离群众的、官僚主义的现象进行经常的斗争。而且我们必须看到，官僚主义是过去人类历史上长时期剥削阶级统治的遗留物，在社会政治生活中有深远的影响。因此，贯彻群众路线，克服

---

① 邓小平：《党和国家领导制度的改革》（1980 年 8 月 18 日），《邓小平文选》第二卷，人民出版社 1994 年版，第 327—328 页。

② 邓小平：《在西南区新闻工作会议上的报告》（1950 年 5 月 16 日），《邓小平文选》第一卷，人民出版社 1994 年版，第 149 页。

官僚主义，也必须是一个长时期的斗争。”[①]

二、命令主义干扰了地方发展，更助长了基层歪风

命令主义还干扰了地方发展。长官意志之下，一些强制命令在地方动静颇大。乱搞拆迁、乱铺摊子、乱上项目，被干部群众戏称为“土地卖光、项目上光、财政的钱花光”。这些只图一时痛快的短视做法，无异于竭泽而渔、杀鸡取卵，不仅不利于经济社会发展，也为基层工作埋下风险隐患。

命令主义更助长了基层歪风。滥施权威的命令主义并不能带来高效施政，只能带来阳奉阴违；脱离实际的命令主义根本无法让人心悦诚服，指望用强制命令推动解决问题，犹如缘木求鱼。一旦为了强行“落实”任务，大搞所谓“压力传导”，层层发令，层层加码，级级提速，基层要么强推硬上，要么敷衍塞责，甚至弄虚作假、蒙混过关。

三、命令主义的根源在官本位思想，是官僚主义的遮羞布

命令主义的根源在官本位思想。尽管近年来党的作风建设常抓不懈，基层反“四风”也成效明显，但不可否认的是，仍有少数领导干部权力观、价值观、政绩观处于扭曲状态，习惯于高高在上、做官当老爷，错误以为“我的地盘我做主”，曲解“下级必须无条件服从上级”，一味采用强制命令的方式施政办事。

命令主义是官僚主义的遮羞布。在当前国际形势错综复杂、国内改革发展稳定任务艰巨繁重的关键时刻，不折不扣地抓好落实、推进工作固然是当务之急，同时也应警惕打着“抓落实”旗号，大搞命令主义的官

① 邓小平：《关于修改党的章程的报告》（1956年9月16日），《邓小平文选》第一卷，人民出版社1994年版，第223页。

僚主义变种。要发动干部群众参与到攻坚克难、闯关夺隘的伟大斗争中来，既确保中央政令畅通，又必须自觉抵制命令主义，避免受到命令主义干扰。

四、新时代要坚决摈弃命令主义、“尾巴主义”

《关于新形势下党内政治生活的若干准则》明确指出：“党的各级组织、全体党员特别是领导干部必须提高做群众工作能力，既服务群众又带领群众坚定不移贯彻落实党的理论和路线方针政策，把党的主张变为群众的自觉行动，引领群众听党话、跟党走。坚决反对命令主义，坚决反对‘尾巴主义’，不允许为了个人政绩、选票和形象脱离实际随意决策、随便许愿。”这是为党员干部立下的纪律和规矩，必须严格遵循。

不可否认，一个时期以来，以个人意愿替代组织意志的命令主义、以“慢腾腾”“跟着走”的“尾巴主义”倾向表现尤为突出。主观意志脱离实际的“强拆”、“形象工程”“政绩工程”的“强建”、背离群众意愿的“拍脑袋决策”，无不体现脱离群众的独断专行；事业上抱残守缺、得过且过的不思进取，工作中坐在“高堂”之上不靠前、不研判的盲目指挥，视少数落后群众观点为大多数群众意愿的“井蛙之见”，这些都是被群众“赶”着往前走的干部的突出表现行为。有人戏言之：“群众都过河了，他们还在水中摸石头。”

无论是命令主义还是“尾巴主义”，其实质就是脱离群众，面临的都是脱离群众的危险。应当看到，党的十八大以来，广大党员干部经过党的群众路线教育实践活动、“三严三实”专题教育、“两学一做”学习教育等的洗礼，偏离群众的路线得以纠正，群众纪律执行力有了提升。但《关于新形势下党内政治生活的若干准则》把坚决反对命令主义、坚决反对“尾巴主义”固化为党员干部的制度遵循，是维护政治纪律和政治规矩的责任担当。[①]

习近平总书记指出：“每一个共产党员，不论职位多高，都是人民的勤务员。”“全党同志要时刻牢记，我们的权力是党和人民赋予的，是用来为党和人民做事的，只能用来为党分忧、为国干事、为民谋利。要心有所畏、言有所戒、行有所止，任何时候都不搞特权，不以权谋私，做到忠诚干净担当。”[②]今天，我们比以往任何时候都更接近中华民族伟大复兴的目标，我们要继续弘扬立党为公、执政为民的奉献精神，以人民为中心，满足人民对美好生活的需要。以人民为中心，就要以百姓心为心。与群众心连心是党员的义务职责，只有与群众心连心，才能更好地与群众手拉手。群众路线是党的生命线，但群众路线不能仅限于党员活动中，还要贯彻到治国理政的全部活动中。乐于服务群众，又善于领导群众，反对官僚主义、命令主义和“尾巴主义”，着力增强党的政治领导力、思想引领力、群众组织力和社会号召力。

广大党员干部要拜人民为师、向人民学习，放下架子、扑下身子，接地气、通下情，深入开展调查研究，解剖麻雀，发现典型，真正把群众面临的问题发掘出来，把群众的意见反映上来，把群众创造的经验总结出来；要心里始终装着父老乡亲，想问题、作决策、办事情都要想一想是不是站在人民的立场上，是不是有助于解决群众的难题，只有这样，才不会犯命令主义、“尾巴主义”的错误，才能把党的主张变成群众的自觉行动。

---

① 参见柏建全：《摒弃命令主义和“尾巴主义”》，《光明日报》2016年11月11日。

② 习近平：《在纪念刘少奇同志诞辰120周年座谈会上的讲话》（2018年11月23日），《人民日报》2018年11月24日。

典型案例

苏荣在担任江西省委书记期间，为追求“全国第一”的“绿色政绩”，强推“一大四小”工程。不仅逢会必谈，还要求各市县主官挂帅“种树领导小组”，从市到县到乡镇，层层签订责任状，要求省林业厅抽调干部组成督导组，深入各地督查指导，制定考核办法，全省进行排名，最后的三名“差等生”要写书面检查。对于未完成年度任务的市县，将取消当年各项评先评优资格，暂停国家和省级所有林业项目审批等等。为应付省里的突击检查，一些地方大搞一夜成林、一夜成景。“一大四小”工程的用地多在主要公路和街道两旁，有的顾不上更换土壤，直接在水泥、沥青渣、砾石砖瓦等基建垃圾上种树；有的高速公路绿化带宽度不达标，不得不在公路两旁的柏油路面铺上泥土，插上树苗；有的地方在八九月份的夜晚，还在摸黑抢栽树苗，使植树变成了不分季节和白天黑夜的“运动”。

湖南省汝城县不顾国家级贫困县的实际，不认真落实党中央关于打赢脱贫攻坚战的重大决策部署，反而大规模举债修建“形象工程”“政绩工程”。汝城县委、县政府长期以来没有考虑可用财力的实际，盲目举债，致使 2015 年至 2017 年综合债务率分别为 274%、285.74%、336%，逐年攀升，负债率在湖南省排名第一。2018 年年初，湖南省委对其开展巡视，发现该县几乎一半的钱都被用在大搞城市开发和城市建设上，而在培植财源、促进产业发展方面还不到 6%！与此同时，一些基本民生问题，却长期得不到重视和解决，群众怨声载道。此后，一场彻底的整改拉开序幕。

（资料来源：《从典型案例看形式主义官僚主义表现形式》，《中国纪检监察报》2019 年 1 月 16 日）

案例启示

形式主义、官僚主义与我们党的政治立场、政治方向、政治原则、政治道路背道而驰，不仅仅是作风问题，更是严肃的政治问题。各级纪检监察机关要在反对形式主义、官僚主义上狠下功夫，既解决老问题，也察觉新问题，确保党的路线方针政策和党中央重大决策部署贯彻落实。

案例中华而不实、违背民意、劳民伤财的所谓“政绩”，对国家发展、民生改善到底有多少意义？百姓心里有杆秤。事实充分表明，“形象工程”蒙混不了群众，掺水的政绩欺骗不了组织。全面从严治党，绝不仅仅是要求党员领导干部清正廉洁，与其同样重要的，是领导干部要在其位、谋其政，真正为百姓做事，有一个共产党员的担当和作为。

命令主义是急性病，“尾巴主义”是慢性病，二者都是党的群众路线不能容的东西，必须坚决加以摈弃。只要党员干部真正把群众放在第一位，问政于民、问需于民、问计于民，真心实意地为最广大人民群众谋利益，这两种主义就不会在我们身上找到藏身之地。

深度思考

1. 命令主义自新中国成立时就有，在表现形式上有怎样的演变趋势？
2. 命令主义与政绩观有怎样的联系？
3. 领导干部如何克服命令主义？

第三种　事务主义

唐代寒山《诗》有云："我见瞒人汉，如篮盛水走。一气将归家，篮里何曾有？"落实工作，无论采取何种形式，付出多少辛劳，归根结底都是为了解决实际问题、提高发展水平。如果"只开花，不结果"，再多的"苦劳"也难成"功劳"，也只是辛辛苦苦的官僚主义，"竹篮打水一场空"，忙而无益，陷入鸡零狗碎的事务主义，可以说是能力短板。但有些人希图一时政绩、罔顾战略全局，则是私利驱动、有意为之。

经典论述

我们对马克思列宁主义的基本原理和毛泽东思想，体会不够。我们有许多错误是从这里来的。我们忙于事务，不注意学习，容易陷入庸俗的事务主义中去。不注意学习，忙于事务，思想就容易庸俗化。如果说要变质，那末思想的庸俗化就是一个危险的起点。

——邓小平：《在扩大的中央工作会议上的讲话》（1962 年 2 月 6 日），《邓小平文选》第一卷，人民出版社 1994 年版，第 315—316 页。

加强干部斗争精神和斗争本领养成，着力增强防风险、迎挑战、抗打压能力，带头担当作为，做到平常时候看得出来、关键时刻站得出来、危难关头豁得出来。完善干部考核评价体系，引导干部树立和践行正确政绩观，推动干部能上能下、能进能出，形成能者上、优者奖、庸者下、劣者汰的良好局面。

——习近平：《高举中国特色社会主义伟大旗帜　为全面建设社会主义现代化国家而团结奋斗——在中国共产党第二十次全国代表大会上的报告》（2022 年 10 月 16 日），人民出版社 2022 年版，第 66—67 页。

事务主义，是一种不分轻重、主次，不注意政治方向，只埋头于日常琐碎事务的工作作风。它是官僚主义的一种表现形式。事务主义渗透在我们工作生活的许多方面，平日里常看到一些同志起早贪黑、忙忙碌碌，却往往忙而无果、事倍功半，一个重要原因就是他们被事务主义所累。事务主义偏向杂乱无章的、没有计划的、不分轻重主次的瞎忙乱忙，不注意方式方法的低效虚耗等，必须充分认清它的面目，坚决摈弃。

一、事务主义的表现

党员干部工作纷繁复杂、千头万绪，而领导者的能力与精力都是有限的。用人不疑，就是要敢于放手、善于授权，使自己从事必躬亲的事务主义中摆脱出来，从而集中精力抓大事、把方向。毛泽东同志就曾一针见血地指出："庸俗的事务主义家不是这样的，他们尊重经验而看轻理论，因而不能通观客观过程的全体，缺乏明确的方针，没有远大的前途，沾沾自喜于一得之功和一孔之见。"[①] 习近平总书记指出："要把干部从一些无谓的事务中解脱出来。现在，'痕迹管理'比较普遍，但重'痕'不重'绩'、留'迹'不留'心'；检查考核名目繁多、频率过高、多头重复；'文山会海'有所反弹。这些问题既占用干部大量时间、耗费大量精力，又助长了形式主义、官僚主义。过去常说'上面千条线、下面一根针'，现在基层干部说'上面千把锤、下面一根钉'，

① 毛泽东：《实践论》（1937 年 7 月），《毛泽东选集》第一卷，人民出版社 1991 年版，第 291 页。

‘上面千把刀、下面一颗头’。这种状况必须改变！”[①] 事务主义在日常工作中的表现是多方面的，给事务主义画个像，起码有益于我们照一照，反思一下，有则改之，无则加勉。

第一，只图干了心安，不论是否有利于提高战斗力。事务工作不等于事务主义，但乱无原则的事务工作，必然陷入事务主义的泥坑。一些机关和领导干部搞假积极，除了证明自己“有存在感”“在状态”，希望博取上级关注之外，还有一个重要原因就是用瞎忙来规避风险。“写写材料、发发文件，看似很累，却不会出事，保证一路平安。”如此做派，正如电影《无问西东》里的台词所言：“把自己交给繁忙，得到的是踏实，却不是真实。”他们倒是“踏实”了，战斗力却虚化了。时常听到一些干部这样吐槽：“一年到头忙里忙外，年终总结唯一的成绩可能就是辛苦。”为何会有这样尴尬的局面？背后的原因值得深思。他们认为，只要自己在忙就感觉心安理得，觉得没有功劳也有苦劳。其实，忙忙碌碌一天，看似干了不少事，实效却不大。

第二，避重就轻，虚耗资源精力。乐于做好干的事、轻松的事、琐碎的事，甚至过分强调其重要性，战线拉得很长，牵涉人力物力也不少，给人的错觉是工作在状态、有敬业精神，实际上却是游离于主责、逃避着主业，看起来热热闹闹，战斗力水平却迟迟上不去。

第三，干事为得彩头，搞花拳绣腿不切实际。部分党员干部不愿负责、不敢碰硬，为了表面成绩，搞花拳绣腿，搞出的花样、搞出所谓的亮点中看不中用，经不起检验和推敲。比如，部分部门和党员干部在年终考核时临时抱佛脚，搞一些繁文缛节、做一些表面文章，工作漂浮、敷衍了事。

---

① 习近平：《努力造就一支忠诚干净担当的高素质干部队伍》（2018 年 11 月 26 日），《求是》2019 年第 2 期。

第四，机械走程序，被动搞应付。简单的程序主义其实是犯了形而上的机械论的毛病。对党中央精神只做面上轰轰烈烈的传达，口号式、机械式的传达，不加消化、囫囵吞枣的传达，上下一般粗的传达。我们要坚持以人民为中心的发展思想，既要按程序办事，也要努力简化程序。基层群众的有些需求因涉及问题错综复杂，需要逐级研究、多部门协商，正常走程序确也必要。但是，久拖不决、没有回音的“走程序”，让群众等得心急心凉。程序之所以总“在路上”，其中一个原因就是有的干部缺失雷厉风行、马上就办的作风，缺乏关心基层、服务群众的热情，也就是典型的“门好进、脸好看、事难办”。

第五，筹划管控不力，随意有余、精准不足。做事情看似雷厉风行，实则稀里糊涂，既缺思考调研，又缺管用招法，轰轰烈烈走过场。有时想起一出是一出，临时性安排、随意化要求，后续工作没人统、没人盯，思想认识不到位、力量统合不充分，成效更难以保证。

第六，陶醉于自转，循环于空转。虽然夜以继日、“5+2”、“白+黑”，但循环转一圈下来，却没有什么效果；虽然出了不少经验做法，实质性问题却很少解决。有的是材料对材料，下了方案就要情况，情况没到就出经验、写报告。

第七，大搞繁琐哲学，运行效率低下。毛泽东同志曾断言：“繁琐哲学总是要灭亡的。”大道至简，大简至美。如无必要，勿增虚务。规定之外加规定，程序之外加步骤，甚至土规定、土政策冲淡了真法规。工作能统合的不统合，分头多层当传声筒。可要可不要的材料都要，可口头可书面的都书面，可直接办的却要过几道手。

究其原因，主要有三：一是偏离了实事求是的思想路线、求真务实的工作方法和工作作风，不能从实际出发、按规律办事，想问题办事情小心思多、全局观念少。二是事业心、责任感弱化，工作态度、工作指导思想不端正，工作热情、工作劲头不够高，对事不上心、对人不热心、对战斗力不关心，得过且过。三是科学思维和科学方法不掌握，不善于透过现象看本质，抓不住主要矛盾，统筹不及时、布置不合理。

二、加强理论修养，在知行合一中主动担当作为，跳出事务主义的怪圈

如果说补齐能力素质短板是克服事务主义的重要途径，那么不断学习才是治本之策。重视学习是我们党推动事业发展的一条成功经验，也是领导干部克服事务主义、驾驭风险挑战的不二法门。习近平总书记在第五批全国干部学习培训教材的《序言》中指出："善于学习，就是善于进步。""我们党依靠学习创造了历史，更要依靠学习走向未来。要加快推进马克思主义学习型政党、学习大国建设。"

第一，坚持用党的科学理论武装头脑。不重视理论学习，天天搞事务，一定会迷失方向。一个人陷入事务主义不能自拔，固然有多方面的原因，但一个重要方面就是理论基础不牢、理论修养不够，缺乏必要的理论素养和宽阔的理论视野，对日常工作不能够从理论的高度来观照、来把握、来实践，致使工作仅仅停留在浅层次的操作层面。要改变这种状况，必须加强理论学习。党员干部要坚持不懈、如饥似渴地学习党的创新理论，学习习近平新时代中国特色社会主义思想，强读强记、常学常新，往深里走、往实里走、往心里走。要坚持学习与思考、理论与实践相结合，紧密结合思想上的困惑、工作中的难题，培养斗争精神、增强斗争本领，使思想、能力、行动跟上党中央要求、跟上时代前进步伐、跟上事业发展需要。

第二，学思践悟。"学而不思则罔，思而不学则殆。"可以说，大思考大进步，小思考小进步，不思考不进步。思考就要学会梳理问题，总

结规律，以此不断提高工作效率；只有多想一层，想深一些，才能廓清迷雾，做到领先一步，真正把握工作的主动权。党员干部尤其是领导干部做事不能简单地“拍拍脑袋”，要开动脑筋，联系实际思考问题。人类有一个能思考的脑袋，所以高于非人类。人都有脑袋，有会用的，有不大会用的，于是又分出贤愚。领导干部只有多想他人、多想全局，才能少碰钉子，成为群众认可的贤人。通过思考，分析一下工作中的问题和原因，认真地综合、比较、研究，理清思想困惑，明确工作方向。如果做到了这一点，那事务将不再是具体的事务，而是思维的素材、经验的支撑、理论的依据。

第三，要注意探索新的工作方法。现实中，部分党员干部常常满足于上级说到哪儿就干到哪儿，说一点儿干一点儿，不说不干，不注重发挥主观能动性，更疏于创造性地完成任务，所以就会被问题和矛盾追着跑。其实，每件工作、每样事务都有其规律可循。我们常讲“实事求是”，这个“实事”，就是指具体事务，“是”则是指隐藏在事务中的规律。我们作为具体事务的承担者、操作者、执行者，要有意识地去上下求索，去“勤求”“苦求”，跳出事务看事务，注意在繁杂的日常工作中发现规律，把工作中的“是”找出来，举一反三，由此及彼，达到事半功倍的效果。

“从现在起，中国共产党的中心任务就是团结带领全国各族人民全面建成社会主义现代化强国、实现第二个百年奋斗目标，以中国式现代化全面推进中华民族伟大复兴。”[①] 完成新时代新征程中国共产党的使命任务，必须坚持用习近平新时代中国特色社会主义思想武装头脑，在深化

① 习近平：《高举中国特色社会主义伟大旗帜　为全面建设社会主义现代化国家而团结奋斗——在中国共产党第二十次全国代表大会上的报告》（2022 年 10 月 16 日），人民出版社 2022 年版，第 21 页。

消化转化上下功夫，把理论学习的成效体现到增强党性修养、提高工作能力、改进工作作风、推动党的事业发展上。

三、马上就办，真抓实干

做到忙忙碌碌不难，难的是做出真正的实绩。对于党员干部来说，应正确对待苦劳，摈弃蛮干，跳出事务主义怪圈；树立“不为即有过”的观念，学会“弹钢琴”，善于“踱方步”，把心思用在成事上，精力放在落实上；少些事务、多些务实，少些说法、多些做法，力求干一件事成一件事。我们也应倡导正确的干部评价导向，不能只看有多忙，而要看问题解决了多少、事情办成了多少、群众得到了多少。习近平总书记 2018 年在全国组织工作会议上指出：“我们要在选人用人上体现讲担当、重担当的鲜明导向，把敢不敢扛事、愿不愿做事、能不能干事作为识别干部、评判优劣、奖惩升降的重要标准，把干部干了什么事、干了多少事、干的事群众认不认可作为选拔干部的根本依据，激励各级干部撸起袖子加油干。”一个行动胜过一打纲领。党和国家事业发展，离不开全党脚踏实地、真抓实干。“马上就办、真抓实干”，彰显了雷厉风行、紧抓快办的工作作风，忠诚担当、无私奉献的实干精神，不忘初心、为民服务的公仆情怀，对于深入学习贯彻习近平新时代中国特色社会主义思想和党的二十大精神，进一步推进全面从严治党、改进工作作风、提高工作效率、提振党员干部干事创业精气神具有重要的意义。

第一，“马上就办、真抓实干”，就要贯彻决策部署。着重责任落实，要求形成一级抓一级、层层抓落实的责任体系。要求各级各部门对上级重大决策部署等制定任务清单，细化工作要求，明确进度安排和责任人；要求各级各部门健全完善抓落实的工作机制；要求组织部门强化考核结果的运用等，真正使任务分解到位、压力传导到位、贯彻落实到位，切实把思想和行动统一到党中央重大决策部署上来。

第二，“马上就办、真抓实干”，就要密切联系群众。“马上就办、真抓实干”，从本质上体现了全心全意为人民服务的根本宗旨，从人民的利益出发，从人民的需要出发，努力实现人民对美好生活的向往，增强人民的获得感。要坚持以人民为中心，必须坚持人民主体地位，坚持立党为公、执政为民，践行全心全意为人民服务的根本宗旨，把党的群众路线贯彻到治国理政全部活动之中。把密切联系群众作为“马上就办、真抓实干”的重要内容，充分体现民心是最大的政治。新时代新征程，保持党同人民群众的血肉联系，就一定要坚持正确的思想作风、领导作风、工作作风，深入推进“马上就办、真抓实干”；就一定要坚持群众路线，增强群众观念和群众感情，落实完善服务群众、联系群众、维护群众的机制，凡是群众反映强烈的问题都要严肃认真对待，凡是损害群众利益的行为都要坚决纠正。重点要求各级领导干部带头改进工作作风，深入基层、服务群众，带头开展现场办公，大兴调查研究之风，严格执行定期接访群众制度等，把改进作风成效落实到基层，真正让群众受益。

第三，“马上就办、真抓实干”，就要以着力转变工作作风为目的。党的十九大报告强调：“增强狠抓落实本领，坚持说实话、谋实事、出实招、求实效，把雷厉风行和久久为功有机结合起来，勇于攻坚克难，以钉钉子精神做实做细做好各项工作。”习近平总书记在党的二十大报告中指出：“加强实践锻炼、专业训练，注重在重大斗争中磨砺干部，增强干部推动高质量发展本领、服务群众本领、防范化解风险本领。”[①]这对作风建设提出了新的更高的要求。要秉持“民有所呼，我有所应”的承诺，

① 习近平：《高举中国特色社会主义伟大旗帜　为全面建设社会主义现代化国家而团结奋斗——在中国共产党第二十次全国代表大会上的报告》（2022年10月16日），人民出版社2022年版，第66页。

把改进工作作风、提高办事效率、提升服务质量摆在突出位置并付诸行动，着力提升服务发展、服务基层、服务群众的能力水平，提高公信力、执行力，切实提高党委政府工作质量。如围绕重点项目服务、行政审批服务、公共服务办事窗口等作风建设的重点单位，不断完善权力部门和关键岗位的管理和监督，打通联系服务群众“最后一公里”。各级各部门严格贯彻落实中央八项规定精神和习近平总书记关于进一步纠治“四风”、加强作风建设的重要批示精神，坚持问题导向，着力转变作风。

第四，“马上就办、真抓实干”，就要有共产党人的责任担当。习近平总书记多次强调，要敢于担当责任，勇于直面问题，善于解决问题。“马上就办、真抓实干”，既是一种责任，也是一种担当，充分体现了共产党人始终具有的对国家、民族和人民的强烈历史使命感和责任感，始终具有的求真务实的科学态度和勇于担当的政治品格；充分体现了“不忘初心、牢记使命”的时代价值。不担当，半点忠诚都没有。共产党人最反对空谈，强调实干，注重落实。1992 年，习近平同志在福州工作期间就明确提出：“‘马上就办’加上‘真抓实干’，我们就能切实转变作风，把工作落到实处，开创新局面。”“马上就办，真抓实干”要突出一个“敢”字。“敢”就是勇挑重担、迎难而上，大胆开拓、敢为人先，要少一分“等、靠、要”的思想，多一分“闯、冒、试”的劲头，人人争当改革发展的促进派和实干家。正如习近平同志 2011 年 3 月 1 日在中央党校春季学期开学典礼上所说：“每个领导干部都要懂得，党和人民把为人民服务的重担放在我们肩上，这是一种多大的信任和责任。要把这种信任和责任看得比泰山还重”。新时代新征程更需要共产党人的这种责任和担当。

第五，“马上就办、真抓实干”，就要抓住“关键少数”。为政之要，莫先乎人；成事之要，关键在人。作为党员干部，就要有“干部干部，干是当头”的为官理念。风成于上，俗化于下。毛泽东同志有句名言：“政治路线确定之后，干部就是决定因素。”民间也有这样的说法：“村看村，户看户，群众看的是干部。”习近平总书记指出，抓住领导干部这个“关键少数”，就等于抓住了“牛鼻子”。深入推进“马上就办、真抓实干”，就要重点解决领导干部在执行党的路线方针政策、坚持群众路线、严格履行职责、提升工作效能等方面存在的突出问题。要落实巩固拓展中央八项规定精神成果，纠治“四风”不止步，抓住主要矛盾，拿出过硬措施，扎扎实实地改，以良好的作风确保好的效果。要使“马上就办、真抓实干”成为“快办”“实办”“办好”，而不是“慢办”“空办”“乱办”，从而形成科学的管理体制、运行机制和管理方式。党员干部作为党和国家各项事业建设的时代先锋队，理应首先读懂“马上就办、真抓实干”其中的意蕴，内化于心、外化于行。火车跑得快，全靠车头带。领导干部带头示范是形成浓烈干事氛围的关键，只有首先从干部开始，干在实处、走在前列，才能团结一切可以团结的力量，调动一切可以调动的因素，锐意进取，埋头苦干，为全面建设社会主义现代化国家、全面推进中华民族伟大复兴而团结奋斗。

典型案例

徐州政府信息公开网站上的一则《通知》引起广泛关注。该《通知》显示，徐州市副市长王剑锋一次性被任命为46个领导小组或委员会的组长、主任等职务。对此，徐州市官方回应称，这些机构都是临时性的，不单独设立办事机构，不增加编制和经费，不涉及干部职级，在达到期限或预定条件时予以撤销。虽说是临时性机构，但是一名领导干部担任的职务如此之多，还是产生了不小争议。

事实上，由地市主要领导担任议事协调机构负责人的做法并不鲜见，有如此多兼职的领导干部也不只王剑锋一人。据媒体报道，2017 年，广东省汕尾市某区区长兼任的职务就多达 43 个，而在江苏常熟 2017 年公布的一份《通知》中，也有一名干部的议事协调机构职务多达 37 个，囊括了环保、水利、粮食安全等多个领域。面对工作难以分解到单一机构的棘手问题，更高级别领导挂帅协调、联合攻关，议事协调机构在解决跨区县、跨部门、跨行业的工作难题上，不失为一种提高行政效率的做法，有其合理性。

（资料来源：《认清形式主义的本质》，《贵州日报》2018 年 12 月 6 日）

案例启示

如何走出事务主义的困境？凡事过犹不及，议事协调机构过多、各种领导小组扎堆，有可能适得其反，造成机关工作事务主义泛滥。一方面分散了各级领导干部的注意力和精力。就拿徐州这起案例来说，副市长分管的人事、物价、税务、食品安全、国企改革等业务，哪一项都不是轻松的活，更何况还有 40 多个议事协调机构，不少人担心一个人分管这么多工作是否忙得过来。另一方面仅仅一个副市长就有这么多议事协调机构的任职，那么其他领导干部呢？加起来恐怕也不是一个小数目。如此多的议事协调机构是否真的更方便工作开展？是否真的能够提高行政效率？这些需要打个问号。

抛开议事协调机构设置合理与否这个问题不谈。徐州市副市长王剑锋的任命，必定是经过了严格的组织程序审核的，是领导班子的共识。一名副市长身兼 46 职，可谓是一些地区政府单位工作繁忙的真实写照。徐州市副市长兼任的议事协调机构，大多数是国企改革、经济发展、金融稳定这些涉及国计民生重大领域的工作，要啃的硬骨头多，要打的攻坚战不少。基层治理千头万绪，身处改革发展的关键时期，要处理的事务繁重复杂，能够理解。但领导干部一旦陷入事务主义的泥潭，不仅对创造性推进改革事业带来不小伤害，对个人成长也不利。毕竟每一个人的精力都是有限的，如此多的任务分工带来的必然是高强度的工作，保持身体健康也好，推进履职尽责也好，都不是最佳的选择。

理想的现代化治理是建立在合理分工基础上的，具有专业的设计、科学的管理、有效的协作，其是寻求治理最优解、发挥每一个人聪明才智的前提。正因如此，新一轮党和国家的机构改革侧重于从制度设计上优化政府职能，精简政府机构，目标是构建系统完备、科学规范、运行高效的党和国家机构职能体系。具体到地方议事协调制度，要严格控制数量、提高办事效率、明确管理办法，这也是从中央到地方的共识。这些都说明，让各级领导干部更好履职尽责，关键在于制度发力，建立现代化治理体系。唯有如此，才能让领导干部走出事务主义的困境。

前段时间，云南拟提拔处级的80后“白发干部”走红网络，引发不少人对基层工作现状的讨论。总体来看，我们的党员干部大多数是尽心尽责的，呵护好各级党员干部干事创业的热情，需要以更高效的制度设计、更有力的制度保障，让想干事者干成事。值得关注的是，徐州官方回应中提到，要结合本轮政府机构改革，开展议事协调机构专项清理工作。希望这样的清理能让更多人轻装上阵，让政府更好发挥应有作用。

深度思考

1. 导致领导干部陷入事务主义的内外因有哪些？

2. 事务主义有哪些危害？

3. 如何杜绝事务主义？

第四种　官老爷

形式主义、官僚主义者在功利主义和实用主义支配下，只想当官做老爷而不想干实事，只想出彩而不想担责，重显绩不重潜绩，重包装不重实效，实际上已经沦落为政治上的“两面人”，行动上的“两面派”。

经典论述

有的干部出现为官不为的状态，原因不在于我们对干部的要求提高了、管理严格了，而在于这些干部还没有摆正位置，没有认识到当干部就是做公仆、做人民的勤务员，头脑中还有当官做老爷的封建意识在作祟。

——习近平：《在听取兰考县和河南省党的群众路线教育实践活动情况汇报时的讲话》（2014 年 8 月 27 日），《做焦裕禄式的县委书记》，中央文献出版社 2015 年版，第 64 页。

当前，基层干部队伍主流是好的，但在一些地方、部门、单位，基层干部不正之风和腐败问题还易发多发、量大面广。有的搞雁过拔毛，挖空心思虚报冒领、克扣甚至侵占惠农专项资金、扶贫资金；有的在救济、补助上搞优亲厚友、吃拿卡要；有的高高在上，漠视群众疾苦，形式主义、官僚主义严重。

——习近平：《在第十八届中央纪律检查委员会第六次全体会议上的讲话》（2016 年 1 月 12 日），《人民日报》2016 年 5 月 3 日。

党的二十大确定的目标任务有近期的，有中期的，也有长期的，要分清轻重缓急，既要全面推进，又要突出重点；既要狠抓当前，又要着眼长远，多办打基础、利长远的事，防止搞形式主义、官僚主义。

——《习近平在中共中央政治局第一次集体学习时强调 全面学习把握落实党的二十大精神 奋力夺取全面建设社会主义现代化国家新胜利》，《人民日报》2022 年 10 月 27 日。

“老爷”，一般是指“旧时对官绅及有权势的人的尊称，或官绅的自称”。“老爷”的解释还有很多，比如对有一定身份的男子的尊称，旧时官僚地主的门客、仆人对男主人的通称，旧俗对神灵之称，方言称外祖父，等等。可以看出，“老爷”所有的解释都带有封建社会那种尊卑观念、腐朽思想的成分。用在现在人的身上，总有点不太合适，尤其是用在党员干部身上更是不合身份。因此，也常有讥讽之意。官僚主义是指脱离实际、脱离群众、做官当老爷的领导作风，是一种集社会政治、经济、文化因素于一体的综合性官场病。官本位思想作祟，权力观扭曲，是产生“官老爷”做派的根源。封建老爷式的官僚主义表现在：一是官气熏天，不可向迩；唯我独尊，使人望而生畏；颐指气使，不以平等待人；作风粗暴，动辄破口骂人，这是老爷式的官僚主义。二是不学无术，耻于下问；浮夸谎报，瞒哄中央；弄虚作假，文过饰非。功则归己，过则归人，这是不老实式的官僚主义。三是遇事推诿，怕负责任；承担任务，讨价还价；办事拖拉，长期不决；麻木不仁，失掉警惕，这是不负责任式的官僚主义。四是学政治不成，钻业务不进；语言无味，领导无方；尸位素餐，滥竽充数，这是颟顸无能式的官僚主义。

2013 年 2 月 28 日，习近平总书记在党的十八届二中全会第二次全体会议上讲话时指出：“要加强公务员队伍建设和政风建设，改进工作方式，转变工作作风，改变门难进、脸难看、事难办现象，纠正老爷作风、衙门习气，杜绝吃拿卡要那一套，提高工作效率和服务水平，提高政府公信力和执行力。”

一、严肃党内政治生活，管住领导干部特别是“一把手”

《关于新形势下党内政治生活的若干准则》明确指出：“坚持问政于民、问需于民、问计于民，决不允许在群众面前自以为是、盛气凌人，决不允许当官做老爷、漠视群众疾苦，更不允许欺压群众、损害和侵占群众利益。”党员领导干部，是人民的公仆、人民的勤务员。因此，应将感情和心思全部用于人民群众身上，倾听人民呼声，深入百姓生活中去。党员干部不是要当官做老爷，高高在上，等人倾诉，而是要放下架子，放低姿态，多跑腿，多了解，多询问，主动关怀，做一个虚心、诚心、真心的倾听者。这样的话，老百姓才会把党员干部当成贴心人，讲实话，反映实情。

有权必有责，有责必担当。但是部分领导干部特权思想严重，以权谋私，破坏党内民主，导致“一把手”逐渐变成“一霸手”，损害了党的形象。管住领导干部特别是单位“一把手”是关键。党委“一把手”是管党治党的第一责任人，肩负落实全面从严治党主体责任的重担，“一把手”能否自觉担当，对政治生态的影响比其他党员干部更为明显。掌握着权力的领导干部特别是“一把手”，是政治生态的风向标。但是，有的领导干部党内政治生活上欠账过多，抓党风廉政建设说得多做得少，台上报告是长篇大论，台下搞的是权、钱、色交易；管下面的人是颐指气使、声色俱厉，对自己则是放任自流、不管不顾。久而久之，“一把手”就变成“一霸手”，在工作作风上，集官气、霸气、匪气于一身，独断专行、妄自尊大，容不得不同意见，把党的民主集中制原则变成个人专制，进而沦落为贪污腐败的“老虎”。管住领导干部这个“关键少数”，全面从严治党才有震慑力和说服力。

防止“一把手”蜕变为“一霸手”。一要严格把好进入关：一些人在当“一把手”之前就已经染指腐败，由于善于伪装，骗过了组织的眼睛，被“带病”提拔。二要实行全方位监督。有的领导干部“根红苗壮”，来自基层，在群众中口碑也不错，在被提拔以前比较清廉和谦虚，但当上“一把手”之后，由于缺少有效监管，“下级监督不敢，同级监督太软，上级监督太远，群众监督太难，舆论监督空喊”，逐渐堕落。三要坚持集体领导的原则。许多“一把手”大权独揽，权力近乎绝对化，因而滥用职权，玩忽职守，以权谋私的现象应运而生。四要加强思想政治教育：一些领导把自己当成特殊党员，凌驾于党组织之上，长期不参加组织生活和政治学习，甚至以工作忙为由，找人代替。

风清则气正，气正则心齐，心齐则事成。政治生态好，人心就顺、正气就足。加强干部管理，防止“一把手”变“一霸手”，是营造良好政治生态的关键所在，也是实现宏伟目标必做的功课。党内政治生活、政治生态、政治文化是相辅相成的，政治文化是党内政治生活的灵魂，对政治生态具有潜移默化的影响。要注重加强党内政治文化建设，倡导和弘扬忠诚老实、光明坦荡、公道正派、实事求是、艰苦奋斗、清正廉洁等价值观，旗帜鲜明抵制和反对关系学、厚黑学、官场术、“潜规则”等庸俗腐朽的政治文化，不断培厚良好政治生态的土壤。党内领导干部生态中的“一霸手”，就是失去原则的、不遵守党性的表现，就是一种霸道、厚黑的政治文化。而恰恰有许多党员干部在此泥潭里越陷越深，欲罢不能，并且还特别享受这样的政治生活，这就是腐朽、不积极的政治文化。

“一把手”成“一霸手”，影响广、危害也大，首先就是造成决策失误。重要决策都由“一把手”一个人说了算，就破坏了民主集中制，当然就不能集思广益，也难保证决策的正确。再者就是“一把手”违纪违法问题。“一把手”专权惯了，必然无所顾忌、任意妄为，这样就不把纪律规矩、法律法规放在眼里了。影响广的则是对政治生态造成严重破坏。“一把手”是“一霸手”，往往会胆大妄为、无所顾忌地贪腐，这样单位的歪风邪气也会弥漫开来。最终产生连锁反应，导致塌方式腐败，给一个地方、部门、单位的政治生态带来严重后果。

“一把手”成“一霸手”，表面原因是本应把控方向却迷失了方向，丧失了灵魂；该放手的却插手，该缩手的却伸手。但归根结底，还是党性修养的淡化和理想信念的滑坡导致。他们忘了权力来自人民、为人民服务，忘了党组织的培养，而是把权力当作获取私利的工具，当作其贪腐的锋利“武器”，最终背叛组织，脱离了群众，在贪腐的道路上越走越远，在腐败的深渊里沉迷不醒。殊不知，等待他们的只能是党纪国法的严惩。

二、严以律己，当好“一把手”

党员干部应懂得“吾日三省吾身”。学会反省，主动反省，将打向别人的手，伸向自己，这体现了一个领导的工作方法、工作作风、人品修养和党性强弱。首先，当干部就得心中始终装着事儿，心中无数、脑中无事难以为官；其次，当干部就得不离事，眼观六路、耳听八方，方能有所为，不负群众；最后，当干部就得经常“手脚有束缚”，公私分明，多一分敬畏，多一些顾虑，莫将不该伸的手伸出，不该去的地方莫去。领导干部的“舒服”，就是对他人的“束缚”，领导干部更应该懂得习惯“不舒服”，严以律己，宽以待人。

党员干部应做正确决策中的“一霸手”。“一把手”所肩负的不单单是个人的职责和任务，更是所领导的群体的骨干和核心。党员干部特别是领导干部尤其要在严肃的党内生活中锤炼党性，严以修身、严以用权、严以律己，不断增强对不良习气的免疫力和抵抗力，永葆共产党人的政治本色。党员干部需要对决策有所判断，手起刀落，雷厉风行，快干、实干，狠抓工作落实。“空谈误国，实干兴邦”，若将“霸王之气”用对地方，面对正确的决策、党的任务和要求，不拖、不等、不推，事情落实快，做事效率高，区域发展肉眼可见，中华民族伟大复兴便指日可待。

典型案例

披着“随和”外衣的“一霸手”

——萍乡市政协原副主席、湘东区委原书记曹光亮严重违纪问题剖析

作为区委“一把手”，曹光亮一度给江西省萍乡市湘东区很多干部留下的印象是：“没有领导架子，很随和、好说话。”

正是在这件“随和”外衣的掩护下，曹光亮丧失了廉洁从政的底线，结朋交友不辨良莠，“拿钱办事”不问事由，收受财物不分场合。他一次又一次违反组织纪律和廉洁纪律，肆无忌惮地把调整干部与收受财物画上了等号。甚至在得知自己被调查后，违反政治纪律，与他人串供，企图对抗组织审查。

心中没有了纪律，曹光亮的人生之路越走越窄，逐步走向灰暗。

“名利和声誉都是过眼浮云，人的一生自由最珍贵，亲情最温馨。”接受纪律审查时，曹光亮忏悔说，“过去的灯红酒绿、前呼后拥似乎都成了对我的嘲讽。之所以堕落到今天这个地步，主要是思想堤坝逐渐崩溃，忘记了入党初心，忘记了党的规矩，没有了纪律意识，也就什么都不怕、什么都敢干了。”

一、被心有所图的商人盯上后，他甘愿在牌桌上被“围猎”

从学校毕业后，曹光亮早年当过中学教师。1988 年起，他长期在萍乡市委、市纪委机关工作，直至 2003 年到萍乡市安源区任职，先后

任安源区委副书记、代区长、区长和湘东区委书记、萍乡市政协副主席等职。

曹光亮文字功底好，有较高的理论素养，这是很多人的共识。在湘东区担任党委主要领导时，他坚持自己动手写讲稿，或者是自己讲别人记，讲完，稿子也即成型。这与他长期在市委、市纪委机关工作的经历密不可分。

第一次违纪时，曹光亮心中毫不设防。2003 年，在到安源区工作之前，曹光亮与他的房产商朋友罗某某谈起想在其开发的小区购买一套住房，并谈好了购买价格。没想到，之后的一天，罗某某给曹光亮送来购房发票，说："购房款已经帮你交了，房子算我送你的。"曹光亮当时大觉意外，心想自己只是市委机关的一名县级干部，手上没什么"实权"，并不能帮罗某某做什么，他怎么出手如此大方。

曹光亮后来才明白，原来，罗某某是从"可靠渠道"打听到自己即将上任安源区区长后才决定送房的。显然，罗某某此举绝非出于与曹光亮的"朋友"情谊，而是看中了曹光亮当上区长后的权力。果不其然，曹光亮一当上区长，罗某某便开始收回"投资"，他又是找曹光亮要工程项目，又是当起谋利的掮客，让曹光亮在深渊里越陷越深。

二、以"一把手"姿态说一不二，他在干部任用中明码标价

当上党政主要领导之后，曹光亮把自己当成了"特殊党员"。在担任区长、区委书记的 11 年间，他基本上没有参加过所在党支部、党小组的组织生活，没有亲自交过党费。

在来自各方的笑脸和奉承声中，曹光亮在湘东区逐渐形成了这样的想法：区长是我培养的，其他班子成员大多是我推荐或者同事多年的，论资历无人可与我比。什么区委常委会议事规则、民主集中制，曹光亮全部丢在一边。工作上是这样，干起以权谋私的事更是有过之而无不及。

久而久之，社会上形成了这么一种说法：“想在湘东办事，没有曹光亮点头不行。”

与此同时，在曹光亮心中，开始有了一个清晰的价码：想在哪个岗位任职，必须送多少数额的钱财。“用人唯钱、办事唯钱”成为曹光亮的行事准则。

纵观曹光亮的诸多违纪问题及相关当事人，利用职务之便在干部选拔任用中为他人提供帮助的痕迹相当明显。相关当事人要想获得提拔或重用，都会很识趣地给曹光亮送去数万元甚至数十万元的“感谢费”。逢年过节的“份子钱”，更是不能少。

上梁不正下梁歪。正是在曹光亮的带领和引导下，湘东区人事安排“潜规则”盛行，“钱”字开路大行其道。安排干部不是讲工作、看成绩，而是看谁有关系、看谁敢送钱。

三、把作风问题看成“小节”，他在权色交易的迷途中无法回头

“领导干部男女作风问题不是小事，揭开‘小事’的盖子，往往伴随着权色交易、钱色交易，干部人事、经济犯罪问题也是如影随形。”等到曹光亮领悟到这个道理时，身后已经没有了回头路。

在萍乡当地，有关曹光亮包养情妇并育有私生子的话题被传得沸沸扬扬。这些话题之所以传开，与曹光亮的情妇们“步步相逼”有很大关系。

调查表明，曹光亮与数名女性有着不正当关系。“我一开始认为作风问题是‘小节’，无伤大雅，不承想包养情妇带来的并发症，使我招架不住，不得不一步步滑向更深的违纪违法深坑，也让我长期陷入社会舆论的包围，长期压抑得抬不起头、睡不着觉。”曹光亮终于感悟到，色字头上一把刀，这把刀穿肠而过，让人身败名裂。

“玩心重”，是很多人对曹光亮的评价。正所谓“己不正，焉能正人”，由于自己身不正行不端，曹光亮对下属犯了错不敢批评，工作不力不敢问责。对此，曹光亮则以“实行以人为本政策”自嘲。不能不说，这才是曹光亮“没有领导架子，很随和、好说话”的真正缘由了。

“冰冻三尺，非一日之寒。过去我借口经济工作忙，对党纪条规学习很少，在学习会上也是装模作样，会后束之高阁、不闻不问。如今读来，党章党规每一条都重似千钧，意味深长。”曾经是一名纪检干部的曹光亮，面对自己如今的境遇，虽如梦初醒，但为时已晚。

江西省纪委案件审查人员认为，曹光亮随着职务的升迁，特别是位高权重之后，思想逐渐蜕化变质，在巨大的物质诱惑面前败下阵来，忘却了当初入党时面对党旗的庄严誓言，忘却了纪检监察干部正人先正己的纪律要求，忘却了对党纪国法应有的深深敬畏，最终毁掉了自己的前程。

（资料来源：《披着“随和”外衣的“一霸手”》，《中国纪检监察报》2017 年 3 月 30 日）

案例启示

以曹光亮为代表的“一霸手”领导干部任性用权，无视纪律，大搞权钱交易、利益输送，严重破坏党内政治生态。在一些干部提升问题上，不问品德，不问能力，不问政绩，不问民声，只要肯送钱就能提拔重用。这些“一霸手”把“会来事”、会找关系的人作为“自己人”委以重任，而那些真正有本事、能干事的人却被“晾在一边”，形成了不送就没有位子、就得不到重用的政治生态。作为“一把手”，他对干部的看法完全可以决定一名干部的成长进步，而他看重的往往是这个干部“会不会来事、能不能办事”，“会来事”的标准就是逢年过节是不是“看望”他，调整提拔是不是“感谢”他；能办事的标准就是能不能帮他做一些不符合制度规定的事，办一些不合规矩的事，而不是看重这个干部的群众基础、能力素质、工作业绩。致使一些干部认定“干得好不如送得多”“能力强不如关系硬”，挖空心思跑官买官，导致腐败行为上行下效，恶性循环，严重影响党内的政治生态。很多送钱者认为整个单位的风气就是这样，如果自己不送自有别人送，不仅事办不成还显得自己破坏了“规矩”。

深度思考

1. 如何防止“一把手”变成“一霸手”？
2. 如何有效监督“一把手”？
3. “一霸手”呈现什么特点？

第五种　不老实

“世界上最聪明的人是最老实的人，因为只有老实人才能经得起事实和历史的考验。”剖析近年来的违纪违法案件，那些落马者带共性的一条就是“不老实、不诚实、不忠实”。回顾总结他们的人生经历，反思他们曾经的辉煌、成就、地位，靠的都是初期的“老实为人，勤苦做事，舍得吃苦，舍得吃亏”。而葬送这些辉煌、成就、地位的，不是他们不聪明，而是他们不老实。只有在这个时候，才能证明老实人不吃亏。坚守老实，就守住了本分，就守住了人格，就守住了灵魂，就把握住了自己。老实，是老实人最大的资本和保护伞，是最有力的护身符。做老实人，说老实话，办老实事，走到哪里都不会吃亏。老实人放弃老实，才是真正要吃大亏的。

经典论述

弘扬忠诚老实、公道正派、实事求是、清正廉洁等价值观，坚决防止和反对个人主义、分散主义、自由主义、本位主义、好人主义，坚决防止和反对宗派主义、圈子文化、码头文化，坚决反对搞两面派、做两面人。

——习近平：《决胜全面建成小康社会　夺取新时代中国特色社会主义伟大胜利——在中国共产党第十九次全国代表大会上的报告》（2017 年 10 月 18 日），《人民日报》2017 年 10 月 28 日。

优秀年轻干部要把当老实人、讲老实话、做老实事作为人生信条。“言过其实，不可大用。”年轻干部如果急功近利、患得患失、投机取巧、见风使舵，处事圆滑，见人说人话、见鬼说鬼话，或者搞自我包装、花里胡哨、花拳绣腿，那是没有前途的！

——习近平：《在全国组织工作会议上的讲话》（2018 年 7 月 3 日）人民出版社 2018 年版，第 29—30 页。

年轻干部要坚持以党性立身做事，把说老实话、办老实事、做老实人作为党性修养和锻炼的重要内容，敢于坚持真理，善于独立思考，坚持求真务实。这对党和人民事业有益，对个人健康成长也有益。做人老实不是愚钝，做事踏实不会吃亏。对党不忠诚，做人不老实，就会生出取巧之心，就会去搞拉关系、走门路、权钱交易等投机钻营那一套，最终会聪明反被聪明误。

——习近平：《努力成为可堪大用能担重任的栋梁之才》（2021 年 9 月 1 日），《求是》2022 年第 3 期。

习近平总书记在2019年春季学期中央党校（国家行政学院）中青年干部培训班开班式上再次强调了忠诚的重要性，他指出："衡量干部是否有理想信念，关键看是否对党忠诚。领导干部要忠诚干净担当，忠诚始终是第一位的。对党忠诚，就要增强'四个意识'、坚定'四个自信'、做到'两个维护'，严守党的政治纪律和政治规矩，始终在政治立场、政治方向、政治原则、政治道路上同党中央保持高度一致。"

"天下至德，莫大乎忠。""忠也者，一其心之谓也。"忠，尽心，赤诚。诚，真实，不虚假。对党忠诚、永不叛党，是党章对党员的基本要求，是每个党员入党时的庄严宣誓。马克思主义政党的力量，主要来自党员对共产主义事业的忠诚，来自党员贯彻执行党的路线方针政策的坚定性。我们党是中国特色社会主义事业的领导核心，党之所以坚强有力，关键在于全体党员对党忠诚。马克思主义政党的性质要求党员对党忠诚。加强新时代党的建设，要在党性锻炼中突出强调对党忠诚。习近平总书记要求党员干部要"对党忠诚、个人干净、敢于担当"。据统计，新中国成立时我们党有448万名党员，而此前为革命牺牲的、可以查到姓名的党员就达370多万名。无数的革命志士和时代先锋，用生命和忠诚诠释着坚定的信仰，正如方志敏用铿锵的话语所表达的那样："敌人只能砍下我们的头颅，决不能动摇我们的信仰！因为我们信仰的主义，乃是宇宙的真理！""为中国人民谋幸福，为中华民族谋复兴"是中国共产党人的初心和使命。前进道路上的各种艰难险阻，新时代坚持和发展中国特色社会主义，完成新时代新征程党的使命任务需要对党忠诚，首先要保证全党服从中央，坚持党中央权威和集中统一领导，在思想上政治上行动上同以习近平同志为核心的党中央保持高度一致。

党的十八大以来，我们查处了一大批高级干部，有的还是党和国家领导层的干部，哪里像党的高级干部？连做普通党员都不配！关键就是对党忠诚出了问题。我们挑选优秀年轻干部，千条万条，第一条就是看是否对党忠诚；我们培养优秀年轻干部，千条万条，第一条就是教育他们对党忠诚，坚决防止政治上的两面人。

党员干部只有增强忠诚意识，培养忠诚品德，立场坚定，才能坚持人民的利益高于一切。党员干部只有不忘公仆的责任，才能以党员的标准规范自己的言行，尽职尽责、不辱使命、赢得信任，创造好形象、好名声，拥有“无形资产”。我们党是中国特色社会主义事业的领导核心，党之所以坚强有力，关键在于全体党员对党忠诚。做人要实，就是对党、对组织、对人民、对同志忠诚老实，做老实人、说老实话、干老实事，坚持按规矩、政策、程序办事，襟怀坦白，公道正派。忠诚这一品德、品格、品行，比能力重要得多。一些领导干部违纪违法事实暴露出来的对党不忠诚问题，必须引起高度重视：表面上忠诚、内心里不忠诚；口头上忠诚、行动上不忠诚。必须在新时代党的建设中突出强调对党忠诚，要大力弘扬忠诚老实、公道正派、实事求是、清正廉洁等价值观，坚决防止和反对个人主义、分散主义、自由主义、本位主义、好人主义，坚决防止和反对宗派主义、圈子文化、码头文化，发展积极健康的党内政治文化，全面净化党内政治生态。加强新时代党的建设，要在党性锻炼中突出强调对党忠诚，党章第三十五条规定：“党的干部是党的事业的骨干，是人民的公仆，要做到忠诚干净担当。”忠诚胜于能力，忠诚比能力更重要，忠诚可以终身受益。没有忠诚，便没有成功。

对党忠诚，就要自觉做到维护习近平总书记党中央的核心、全党的核心地位，维护党中央权威和集中统一领导。正如习近平总书记 2018 年在全国组织工作会议上指出的那样："忠诚不是挂在嘴上、写在纸上的，而是要体现在实际行动上。有人说，只要不反党反社会主义，就不能说对党忠诚有问题。这样的认识是很肤浅的。有的干部工作上拈轻怕重、不愿到艰苦地方和岗位工作，能说对党忠诚吗？有的干部报告个人有关事项打埋伏、八小时之外找不到人，能说对党忠诚吗？这样的干部，真到了关键时刻能靠得住吗？"新时代党的组织路线要求，着力培养忠诚干净担当的高素质干部。其中，忠诚是干净和担当的思想前提与行动基础。党员干部提高素质，首先要夯实对党忠诚的基石。看一个干部是否对党忠诚并不抽象，反而十分具体，最根本的一把"尺子"，就是干事创业。踏上新征程，党员干部更需以实际行动展现对事业的执着、对责任的担当、对群众的负责。只有付诸行动，忠诚才能得以体现，忠诚才能得以诠释。要把坚决做到"两个维护"作为首要政治纪律，在全党持续深入开展忠诚教育，开展"守纪律、讲规矩"模范机关创建和先进个人评选活动，教育督促党员干部始终对党忠诚老实，决不允许在重大政治原则问题上、大是大非问题上同党中央唱反调，搞自由主义。

不担当，半点儿忠诚都没有。政治上敢不敢担当、会不会担当，是检验和衡量领导干部政治操守、政治品格和政治能力的重要标尺，是党的事业能否取得成功的关键所在。习近平总书记强调："是否具有担当精神，是否能够忠诚履责、尽心尽责、勇于担责，是检验每一位领导干部身上是否真正体现了共产党人先进性和纯洁性的重要方面。"《关于进一步激励广大干部新时代新担当新作为的意见》指出："坚持从对党忠诚的高度看待干部是否担当作为，注重从精神状态、作风状况考察政治素质，既看日常工作中的担当，又看大事要事难事中的表现。"全体党员要时刻牢记自己的第一身份是共产党员，第一职责是为党工作，坚定理想信念，用习近平新时代中国特色社会主义思想武装头脑，在急难险重面前走在前、做表率，发挥“头雁效应”，勇担当、善作为，永葆共产党人政治本色。

典型案例

为秦岭违建项目“大开绿灯”
西安市人民政府原秘书长焦维发被“双开”

经中共陕西省委批准，陕西省纪委监委对西安市人民政府原党组成员、秘书长焦维发严重违纪违法问题进行了立案审查调查。

经查，焦维发违反政治纪律和政治规矩，贯彻落实习近平总书记重要批示指示精神不坚决、不彻底，在秦岭违建专项整治中敷衍应付、弄虚作假，为秦岭违建项目“大开绿灯”，伪造证据对抗组织审查；违反中央八项规定精神，违规持有、使用高尔夫球会员卡；违反组织纪律，在职务晋升、工作调动等方面为他人谋取利益；违反廉洁纪律，收受可能影响公正执行公务的礼品、礼金、消费卡，违规从事营利活动。违反国家法律法规，构成职务违法，其中利用职务上的便利、本人职权和地位形成的便利条件，为他人谋取利益，索取、收受巨额财物，涉嫌受贿犯罪。

焦维发身为党员领导干部，丧失理想信念，背弃党的宗旨，对党不忠诚、不老实，“四个意识”全无，丧失原则底线，玩物丧志，品行低劣，把党和人民赋予的权力当作谋取私利的工具，大搞钱权交易和利益输送，且在党的十八大后不收敛、不收手，党的十九大之后仍不知敬畏、胆大妄为、没有底线，其行为已构成严重违纪并涉嫌犯罪，情节恶劣，性质严重，应予严肃处理。依据《中国共产党纪律处分条例》《中华人民共和国监察法》等有关规定，经省纪委监委会议研究并报省委批准，决定给予焦维发开除党籍、开除公职处分；收缴其违纪违法所得；将其涉嫌犯罪问题及所涉款物移送检察机关依法处理。

（资料来源：《为秦岭违建项目“大开绿灯”西安市人民政府原秘书长焦维发被“双开”》，人民网 2019 年 2 月 27 日）

案例启示

地方上的违法建筑为何惊动中央？习近平总书记为何四年里就同一问题作出六次重要指示批示？秦岭违建别墅顽疾迟迟得不到解决的背后，反映了怎样的政治问题？2019 年 1 月 9 日晚，央视播出的新闻专题片《一抓到底正风纪——秦岭违建整治始末》，全景式披露了备受社会关注的秦岭违建别墅事件的来龙去脉，对有关地方党委政府存在的违反政治纪律、政治规矩以及形式主义走过场、官僚主义不作为等问题进行了深入剖析。秦岭北麓西安境内违建别墅问题，看似拆除违建别墅工作不作为、不到位，实质是有关党组织和党员领导干部对贯彻落实习近平总书记重要指示批示精神和党中央重大决策部署不作为、不到位，归根结底，是没有把“两个维护”作为最根本的政治纪律和政治规矩，不严肃、不认真、不担当，对党中央的要求只传达不研究、只学习不落实、只表态不行动，讲政治停留在口头上、会议上、表面文章上，没有真正落实到实际工作中，导致“整而未治、阳奉阴违、禁而不绝”的严重后果。①

《关于解决形式主义突出问题为基层减负的通知》明确提出：“以党的政治建设为统领加强思想教育，着力解决党性不纯、政绩观错位的问题。”“严明政治纪律和政治规矩，认真吸取秦岭北麓西安境内违建别墅问题的深刻教训，坚决防止和纠正落实党中央决策部署不用心、不务实、

① 参见《评秦岭违建整治：将“两个维护”真正落实到行动上》，《中国纪检监察报》2019 年 1 月 10 日。

不尽力，口号喊得震天响、行动起来轻飘飘的问题，真正把树牢‘四个意识’、做到‘两个维护’的要求落到实处。”党中央严肃查处秦岭北麓西安境内违建别墅问题，对相关党组织和党员干部作出处理，充分表明了党中央和习近平总书记狠抓党的政治建设、严明党的政治纪律和政治规矩、深入推进全面从严治党的坚定决心，充分表明了狠抓生态环境保护、持之以恒加强生态文明建设的坚决态度，是对各级党委的郑重警示和深刻教育。要牢固树立“四个意识”，严守政治纪律和政治规矩，把贯彻落实党中央决策部署作为重要政治责任、领导责任、工作责任，以实际行动坚决维护习近平总书记党中央的核心、全党的核心地位，坚决维护党中央权威和集中统一领导。落实“两个维护”必须坚持知行合一、重在于行。对于党中央作出的重大决策部署，必须不折不扣落实到位，层层压实责任。要对党中央的要求的贯彻落实情况进行“回头看”，跟踪问效，对存在的问题自查自纠。要深入贯彻习近平生态文明思想，牢固树立正确政绩观，扎扎实实做好生态湿地保护、生态屏障建设等工作，狠抓散乱污企业治理，坚定不移推动绿色发展、高质量发展。各级领导干部要切实转变工作作风，坚持以效果为导向，力戒形式主义、官僚主义，要以对党和人民高度负责的态度，敢于动真碰硬，敢于触及矛盾，切实解决贯彻落实中“上热中温下冷”问题。

深度思考

1. 领导干部“不老实”的深层次原因是什么？

2. 如何理解对党“忠诚”与“老实”的辩证关系？

3. 领导干部“不老实”的具体表现有哪些？

第六种　不负责任

“士不言政，则失其天下之责。”党和人民赋予党员干部职位和权力，是信任，更是责任。不作为、不担当，犹如把脑袋埋到沙堆里的“鸵鸟”，推诿应该做的事，逃避应该承担的责任，是一种腐骨蚀心的“慢性恶疾”，危害不言而喻。要向不作为、不担当行为说“不”，推动干部队伍形成积极向上的精神面貌和苦干实干的竞进态势。

经典论述

对敢于负责、勇于担当、善于作为、实绩突出的干部，要及时大胆用起来，让干部看到只要真干事、能干事、干成事，组织上是不会埋没的。对不作为的干部，坚决果断调下去，不让那些做样子、混日子、要位子的“官油子”得势得利。

——习近平：《在全国组织工作会议上的讲话》(2018年7月3日)，人民出版社2018年版，第22—23页。

权力监督的目的是保证公权力正确行使，更好促进干部履职尽责、干事创业。一方面要管住乱用滥用权力的渎职行为，另一方面要管住不用弃用权力的失职行为，整治不担当、不作为、慢作为、假作为，注意保护那些敢于负责、敢于担当作为的干部，对那些受到诬告陷害的干部要及时予以澄清，形成激浊扬清、干事创业的良好政治生态。

——习近平：《在新的起点上深化国家监察体制改革》(2018年12月13日)，《求是》2019年第5期。

一些党员、干部缺乏担当精神，斗争本领不强，实干精神不足，形式主义、官僚主义现象仍较突出。

——习近平：《高举中国特色社会主义伟大旗帜　为全面建设社会主义现代化国家而团结奋斗——在中国共产党第二十次全国代表大会上的报告》(2022年10月16日)，人民出版社2022年版，第14页。

戏剧《七品芝麻官》中有一句台词，叫作“当官不为民做主，不如回家卖红薯”。党员干部的境界和责任感，总不能连一个封建社会的七品官还不如。看一个领导干部，很重要的是看其有没有责任感，有没有担当精神。肯干事、干成事的干部越多，党和人民事业就越有希望。党组织把我们放在领导岗位上，给我们提供为人民服务的大舞台，这是对我们的信任，一定要珍惜使命、不负重托，在难题面前敢于开拓，在矛盾面前敢抓敢管，在风险面前敢担责任，尽心尽力干好工作。

一、坚持人民利益至上，为民负责

“当官不为民做主，不如回家卖红薯。”一句简短的戏曲台词却道出为官最基本的要求。无论身处什么岗位，都要一心为民做实事，对老百姓负责。古往今来，不论是以前的封建社会，还是如今的社会主义社会，这都是为官的根本职责。

习近平总书记在党的二十大报告中指出：“坚持以人民为中心的发展思想。维护人民根本利益，增进民生福祉，不断实现发展为了人民、发展依靠人民、发展成果由人民共享，让现代化建设成果更多更公平惠及全体人民。”[①] 作为党员干部，一切工作都要以人民利益为基本原则，为百姓办事，为百姓负责。我们党一直坚持立党为公、执政为民的理念，要求党的领导干部做到权为民所用、情为民所系、利为民所谋。干部们手

① 习近平：《高举中国特色社会主义伟大旗帜　为全面建设社会主义现代化国家而团结奋斗——在中国共产党第二十次全国代表大会上的报告》（2022 年 10 月 16 日），人民出版社 2022 年版，第 27 页。

中的权力是人民给的，他们是人民公仆，理应尽心尽力地负起责任。然而有些领导干部做事着实让广大人民群众失望，他们没有尽职履行本职义务，出现了办事拖延、互相推诿责任的问题。一个好的党员干部要从老百姓的利益出发，多为群众办实事、做好事、解难事，做一个为百姓造福的好官。只有这样，才能得到人民群众的拥护和爱戴。

怎样做一个在人民心目中好的领导干部？首先，要做好群众工作，知民意。在本职岗位上，要深入群众中去，走基层，到一线，去困难与矛盾多的地方为人民排忧解难。工作时和群众交朋友，打成一片，聆听群众心声。只有这样，才能跟群众拉近距离，才会听到群众的知心话、真心话。了解群众最确切的需求，才能更好地为其服务。其次，要为民办事。我们党员干部要时刻想到手中的权力是人民赋予的，是让你来为老百姓办事的，而不是让你作威作福、谋取私利的。只要心里装着群众去工作，就没有摆不正的事。最后，要付诸行动。领导干部只有认真倾听群众呼声，积极反映群众疾苦，真正与人民群众同甘共苦，为群众排忧解难，把为人民群众服务落实在行动上，才能真正代表人民群众的根本利益，从而真正改善干部与群众的关系。

二、坚持正确的选人用人导向

习近平总书记 2018 年在全国组织工作会议上指出：“对干部最大的激励是正确用人导向，用好一个人能激励一大片。对敢于负责、勇于担当、善于作为、实绩突出的干部，要及时大胆用起来，让干部看到只要真干事、能干事、干成事，组织上是不会埋没的。对不作为的干部，坚决果断调下去，不让那些做样子、混日子、要位子的‘官油子’得势得利。我们要在选人用人上体现讲担当、重担当的鲜明导向，把敢不敢扛事、愿不愿做事、能不能干事作为识别干部、评判优劣、奖惩升降的重要标准，把干部干了什么事、干了多少事、干的事群众认不认可作为选拔干部的根本依据，激励各级干部撸起袖子加油干。”习近平总书记的话给了那些有担当、有为人民服务信念的领导干部最大的鼓舞，也是对那些为官“不作为”“混日子”的领导干部最严厉的鞭策。一个有作为的领导干部，必须以身作则，打铁必须自身硬。要不断学习，提高自身素质，更好地为群众办好事、办实事。

选人用人关乎国之根基，质量意识须臾不可松懈。习近平总书记在党的二十大报告中指出：“全面建设社会主义现代化国家，必须有一支政治过硬、适应新时代要求、具备领导现代化建设能力的干部队伍。”“树立选人用人正确导向，选拔忠诚干净担当的高素质专业化干部，选优配强各级领导班子。”[①] 这是我们党总结实践经验、顺应时代要求提出的重大课题，为进一步做好选人用人工作指明了努力方向。《党政领导干部选拔任用工作条例》，紧紧围绕建设忠诚干净担当的高素质专业化干部队伍，进一步突出公正用人、精准科学、全面从严等要求，为提高选人用人质量提供了制度保证。党的十八大以来，以习近平同志为核心的党中央坚持和加强党的全面领导，坚持党要管党、全面从严治党，坚持把干部队伍建设作为关系党和人民事业的关键性、根本性问题来抓，鲜明提出新时代好干部标准，强化党组织领导和把关作用，完善选人用人制度机制，严把选人用人质量关，坚决匡正选人用人风气，推动干部工作取得显著进展、发生重大变化，为把中国特色社会主义伟大事业不断推向前进提供了坚强组织保证。新时代新征程，我们党要肩负起新的历史使命，团结带领人民群众进行伟大斗争、建设伟大

① 习近平：《高举中国特色社会主义伟大旗帜　为全面建设社会主义现代化国家而团结奋斗——在中国共产党第二十次全国代表大会上的报告》（2022 年 10 月 16 日），人民出版社 2022 年版，第 66 页。

工程、推进伟大事业、实现伟大梦想，必须从组织路线服务政治路线的高度出发，源源不断培养造就政治过硬、德才兼备、堪当重任的高素质执政骨干队伍。

知识链接

新修订的《党政领导干部选拔任用工作条例》在突出政治标准方面提出了哪些要求？

中国共产党是具有崇高政治理想、政治追求、政治品质和严明政治纪律的马克思主义政党，历来把政治标准作为选人用人的首要标准。习近平总书记多次强调，要坚持好干部标准，把政治标准放在第一位。这次《条例》修订，进一步强化和明确了干部选拔任用的政治标准和政治要求。比如，明确“选拔任用党政领导干部，必须把政治标准放在首位”；在基本条件中增加自觉坚持以习近平新时代中国特色社会主义思想为指导、牢固树立“四个意识”、坚定“四个自信”、坚决做到“两个维护”等要求；增加“违反政治纪律和政治规矩的”不得列为考察对象的内容；在考察内容中增加“突出政治标准，注重了解政治理论学习情况，深入考察政治忠诚、政治定力、政治担当、政治能力、政治自律等方面的情况”等。

（资料来源：《为建设高素质专业化干部队伍提供有力制度保证——中组部负责人就修订颁布〈党政领导干部选拔任用工作条例〉答记者问》，共产党员网 2019 年 3 月 18 日）

三、敢担当善作为，有干事创业的热情

习近平总书记指出："担当和作为是一体的，不作为就是不担当，有作为就要有担当。做事总是有风险的，天底下哪有那么多四平八稳、顺风顺水的事。正因为有风险，才需要担当。如果工作都那么好干，谁上去都能干，那还要什么担当呢？事物往往就是这样，越怕事越容易出事，越想绕道走矛盾就越堵着道。相反，只有豁得出去、敢闯敢干，下定'明知山有虎，偏向虎山行'的决心，真刀真枪干，矛盾和困难才可能得到解决。"①

子曰："不在其位，不谋其政。"这是告诫我们一些儒家处世之道，不在那个职位上，就不去考虑那个职位上的事，不过问别人的事情。那么，作为党员干部尤其是领导干部在其位，就要履其责、挑其担，为广大人民谋取利益，脚踏实地做实事。而有些官员则以个人主义为中心，不在乎广大人民利益得失，只在乎其职位与权力的得失，一味地尸位素餐。天真地以为只要没有触碰到中央八项规定等高压线，就会安然无事。"尸位素餐"本身就是腐败，不作为的"懒政"也是腐败！行政不作为，是指行政主体及其工作人员有积极实施行政行为的职责和义务，应当履行而未履行或拖延履行其法定职责的状态。所谓行政中的"不作为"行为，是基于公民、法人或其他组织的符合条件的申请，行政机关依法应该实施某种行为或履行某种法定职责，而行政机关无正当理由却拒绝作为的行政违法行为，亦称"不作为违法"或"消极违法"行为。

有担当、有作为的领导干部是一方群众的福音。他们有想法、善听民声、敢于实施，全面展示了共产党员最典范的一面。有些投机取巧的干部则一心想着自己要"安稳着陆"，怕做错事，而不去作为。周恩来

① 习近平：《努力成为可堪大用能担重任的栋梁之才》（2021 年 9 月 1 日），《求是》2022 年第 3 期。

同志曾经在《反对官僚主义》中对“为官不为”者生动画像：“人云亦云，得过且过，饱食终日，无所用心”。当前，确有一些人“不立新目标，缺乏新动力”“只要不出事，宁愿不做事”“不求过得硬，只求过得去”，究其原因，在于个别党员干部价值取向和宗旨意识出了问题，根子是缺乏担当精神，心里还没认清广大人民所赋予的权力，以及如何更好地去承担服务人民的责任。

典型案例

最高人民法院首次集中公布行政不作为典型案例

最高人民法院于2015年1月15日发布了十起法院判决的行政不作为典型案例。最高人民法院新闻发言人孙军工表示，这是最高人民法院首次集中就行政不作为案件进行的通报，体现了法院依法监督行政机关履行行政管理职责，对政府机关不作为作出依法调控。十起案例分别涉及城管、公安、工商以及基层政府机关等与百姓利益密切相关的部门。这些部门有的不履行法定职责，有的拖延履行职责，还有的履行职责不到位。其中一起起诉公安机关不作为案例具有一定代表性。

2006年3月3日凌晨3时许，被害人刘伟洲路过甘肃省天水市麦积区桥南伯阳路农行储蓄所门前时，遭到罪犯苏福堂、吴利强、佟彬的拦路抢劫。

刘伟洲被刺伤后喊叫求救，个体司机胡某、美容中心经理梁某听到呼救后，先后用手机于4时02分、4时13分、4时20分三次拨打“110”报警电话，“110”值班接警人员让给“120”打电话，“120”让给“110”打电话。梁某于4时24分20秒（时长79秒）再次给“110”打电话报警后，“110”值班接警人员于6时23分35秒电话指令桥南派出所出警。

此时，被害人刘伟洲因失血过多已经死亡。经法医鉴定：被害人刘伟洲系被他人持锐器刺破股动脉，致失血性休克死亡。2007年3月，天水市麦积区人民法院作出刑事判决，认定天水市公安局麦积分局“110”原值班民警高某犯玩忽职守罪，免予刑事处罚。高某上诉后，二审维持原判。天水市中级人民法院还作出刑事附带民事判决，判决被告人苏福堂、吴利强、佟彬赔偿刘伟洲相应的死亡赔偿金等。

但是由于被告人苏福堂已被执行死刑，无财产可供执行；被告人吴利强、佟彬服刑前靠父母养活，暂无财产可供执行，天水市中级人民法院以民事裁定终结执行。

于是，被害人刘伟洲的近亲属张美华、刘宇、刘沛、刘忠议、张凤仙五人在2009年1月以公安机关行政不作为为由向天水市公安局麦积分局提出行政赔偿申请，该局作出不予行政赔偿的决定。

张美华等五人遂以该局为被告，向法院提起行政赔偿诉讼，请求判令被告赔偿刘伟洲死亡赔偿金和丧葬费498640元，被扶养人生活费26959.95元。

天水市麦积区人民法院一审后，判决天水市公安局麦积分局按照2008年全国在岗职工年平均工资29229元×20倍×20％的标准，在判决生效之日起，十日内给张美华等五人赔偿刘伟洲死亡赔偿金和丧葬费116916元，并驳回了张美华等五人关于要求赔偿被扶养人生活费的诉讼请求。

一审宣判后，张美华等五人认为判决以20％承担赔偿责任太少，被告天水市公安局麦积分局则认为不应予以赔偿，双方均不服提出上诉。

在天水市中级人民法院二审期间，经调解，双方当事人达成调解协议，天水市公安局麦积分局一次性给张美华、刘宇、刘沛、刘忠议、张凤仙支付刘伟洲死亡赔偿金20万元。张美华、刘宇、刘沛、刘忠议、张凤仙放弃要求天水市公安局麦积分局支付被扶养人生活费及刘伟洲丧葬费的诉讼请求。

最高人民法院行政庭副庭长李广宇说，这一案件明确了公安机关因未及时出警而应承担的相应责任，并通过调解方式妥善化解争议。

《人民警察法》明确规定，人民警察的任务是维护国家安全，维护社会治安秩序，保护公民人身安全、人身自由和合法财产，保护公共财产，预防、制止和惩治违法犯罪活动。因此，不仅违法实施行政处罚、行政强制等侵权行为可能承担赔偿责任，因不依法履行职责、不及时救助群众，造成人身、财产损害的，同样可能承担赔偿责任。

“本案中，被害人刘伟洲的不幸死亡系因他人犯罪所导致，但公安机关也存在违法拖延出警、未及时履行保护公民人身安全的义务，应当承担相应的赔偿责任。”李广宇说。

（资料来源：《最高人民法院首次集中公布行政不作为典型案例》，新华网 2015 年 1 月 15 日）

案例启示

党的十八大以来，中国的经济与政治生态发生很大的变化，经济又飞速地增长，在改革开放的新常态前提下，政治生态也迈向了倡导廉洁、负责、尊法的全新格局，这为当代中国伟大复兴塑造全新动力，赢得国内外的高度赞誉。与此同时，在一些领导干部中却出现了“不和谐”的声音，诸如“不贪不干，啥也不干”“做一天和尚撞一天钟，只要安全就行”尸位素餐的想法。像“拿工资不做事”“有职位不负责”等“懒政”“怠政”之类的领导干部“不作为”的现象层出不穷。根据《党政领导干部选拔任用工作条例》的规定，党政领导干部应当坚持解放思想，实事求是，与时俱进，求真务实，认真调查研究，能够把党的方针政策同本地区本部门实际相结合，卓有成效开展工作，落实“三严三实”要求，主动担当作为，真抓实干，讲实话，办实事，求实效。

深度思考

1. 如何通过用人导向来强化干部的责任心？

2. 领导干部的责任感和担当精神应该怎样体现出来？

3. 如何杜绝领导干部“混日子”的现象？

第七种 做官混饭吃

干部敢于担当作为，既是政治品格，也是从政本分。中华民族伟大复兴，绝不是轻轻松松、敲锣打鼓就能实现的。新时代需要干部奋斗，需要干部主动担当作为。要牢记空谈误国、实干兴邦的道理，坚持知行合一、真抓实干，做实干家。在一个岗位工作，千万不能心浮气躁，要稳得住、沉得下，学真本领，练真功夫，把火热的实践作为最好的课堂，当几回“热锅上的蚂蚁”，在难事急事的经历中经受摔打。

经典论述

反对形式主义，要着重解决工作不实的问题，教育引导党员、干部改进学风文风会风，改进工作作风，在大是大非面前敢于担当、敢于坚持原则，真正把心思用在干事业上，把功夫下到察实情、出实招、办实事、求实效上。

——习近平：《准确把握党的群众路线教育实践活动的指导思想和目标要求》（2013 年 6 月 18 日），《习近平谈治国理政》，外文出版社 2014 年版，第 374 页。

“当官不为民作主，不如回家卖红薯。”说的就是这个道理。我经常提到五六十年代福建东山县县委书记谷文昌，他一心一意为老百姓办事，当地老百姓逢年过节是“先祭谷公，后拜祖宗”。

——习近平：《做焦裕禄式的县委书记》（2015 年 1 月 12 日），《习近平谈治国理政》第二卷，外文出版社 2017 年版，第 144 页。

全面建设社会主义现代化国家，必须有一支政治过硬、适应新时代要求、具备领导现代化建设能力的干部队伍。坚持党管干部原则，坚持德才兼备、以德为先、五湖四海、任人唯贤，把新时代好干部标准落到实处。

——习近平：《高举中国特色社会主义伟大旗帜 为全面建设社会主义现代化国家而团结奋斗——在中国共产党第二十次全国代表大会上的报告》（2022 年 10 月 16 日），人民出版社 2022 年版，第 66 页。

农村老人经常会说一些农村谚语，这些老话十分通俗易懂，但往往又蕴藏着大智慧。比如，农村老人常说的“多栽花，少栽刺”。花，本来就是大家都喜欢的东西；刺呢，就是大家都讨厌的东西。这句话就是说，在与人相处中，讲究和气最好采用一种委婉的方式，尽量减少矛盾。在农民眼里，这是一种为人处世的最佳方式。农民就是比较重视邻里关系，这样有事的时候大家就可以帮个忙。如今这些老话随着时代的变迁，已经有了不同的意思。现在很多党报媒体认为，把这句话用到官场上，就意味着官员不作为，害怕得罪人，做事迈不开步子，畏首畏尾，害怕承担责任。这句农村老话都是农民在和邻里相处时得来的经验，之所以能被大家甚至官方引用，我想正是因为人们能从这些老话中感悟到人生哲理，以及实实在在的人生经验。

为人处世中要“多栽花，少栽刺”，就是说在与他人交往中，要善于采用合适的交流方式和表达方法，即用委婉动听的方式表达出来，远远比用直接无礼的方式表达效果要好，让人更能接受你的意见。俗话说，多一个朋友，多一片天空；多一个敌人，寸步难行。在日常生活和工作中，要注意与周围的人处理好关系，搞好团结。但是，我们又应该做到具体问题具体分析。有的时候，不能拘泥于中庸的处世哲学，工作中要做到灵活性和原则性的统一，找到统一的支点。在处理一些问题的时候，我们既要栽花，同时也要栽刺，尽力做到既不违背工作原则，又能够达到不伤害相互之间感情的效果。

规范和纯洁党内同志交往，是党内政治生活的一条基本要求，是党内政治文化的一个重要体现。习近平总书记指出，要倡导清清爽爽的同志关系，规规矩矩的上下级关系。这为严肃党内政治生活、加强党内政治文化建设、净化政治生态提出了重要要求。习近平总书记曾说过："坚定理想信念，坚持共产党人精神追求，始终是共产党人安身立命的根本。对马克思主义的信仰，对社会主义和共产主义的信念，是共产党人的政治灵魂，是共产党人经受住任何考验的精神支柱。形象地说，理想信念就是共产党人精神上的'钙'，没有理想信念，理想信念不坚定，精神上就会'缺钙'，就会得'软骨病'。现实生活中，一些党员、干部出这样的问题，说到底是信仰迷茫、精神迷失。"[①] 当领导干部精神上缺失了"钙"，得了"软骨病"，就会在干事业、为人民服务上畏首畏尾。作为党员干部切勿以"多栽花，少栽刺"为标准，多说好听的，多赔笑脸，少说得罪人的话，少办得罪人的事，这是一种庸俗、市侩的人生哲学。

《贞观政要》载有这样一则故事：西晋时期，惠帝当政，贾皇后专权，要废除司马遹太子之位，司空张华竟不据理力争，只是阿谀附和。等赵王司马伦举兵废除贾皇后，派人捉拿张华时，张华辩解道："将废太子日，非是无言，当时不被纳用。"赵王使者说："公为三公，太子无罪被废，言既不从，何不引身而退？"张华无辞以对，遂被斩。

张华害怕失去自己的官位，不愿得罪权贵，于是"苟在阿顺"。说到底，这是"乡愿心态"在作怪。所谓乡愿，一乡之中，谁都不得罪，遇人笑嘻嘻，逢事打哈哈，事皆称美，实际却是圆滑世故的好好先生，正所谓"乡愿之善，既足以媚君子，好合同处，又足以媚小人"。孟子则入木三分地刻画其为："同乎流俗，合乎污世。居之似忠信，行之似廉洁。"乡愿心态，本质上是没有坚定立场，不能坚守原则，临事墙头草，决定

① 习近平：《紧紧围绕坚持和发展中国特色社会主义 学习宣传贯彻党的十八大精神》（2012 年 11 月 17 日），《十八大以来重要文献选编》（上），中央文献出版社 2014 年版，第 80—81 页。

随风倒。

现实中，一些干部信奉“多栽花，少栽刺”的庸俗哲学，不讲原则讲关系，不看章程看面子，搞无原则的一团和气；有的面对丑恶现象不敢说不，遇到歪风邪气和稀泥，遇到矛盾问题更是绕道走；有的明哲保身，不求有功、但求无过，平平安安占位子、庸庸碌碌混日子。凡此种种，归结为一点，就是好人主义盛行，担当精神匮乏。为官一任，不干事、无担当，尸位素餐，要你何用？诚如古人所言：“危而不持，颠而不扶，则将焉用彼相？”

习近平总书记说：“中国共产党坚持执政为民，人民对美好生活的向往就是我们的奋斗目标。我的执政理念，概括起来说就是：为人民服务，担当起该担当的责任。”[①] 为官者不求有功、但求无过，事业如何发展？不管是非、逃避混世，社会风气如何净化？不碰难题、不解民忧，又怎能赢得群众的认可？当然，表面看来，一些“老好人”“乡愿官”似乎口碑不错。然而，真正的评价，来自实践，来自群众。没有过硬的作风，没有经得起实践和人民检验的实绩，泡沫总会在阳光下破灭，一时的虚名既立不住，更靠不住。

一些位置坐得牢固且步步高升的领导干部，向来是对丑事从不谈及，只言好的不说丑的。他们对领导班子的丑事包括领导的个人“丑事”也是“守口如瓶”，对上对下真正做到了“家丑不可外扬”。其实，“小丑”外扬终究要比“大丑”外扬强，因为“小丑”不揭难免酿成“大丑”，这对下对上可都是要吃不兜着走了。

古人云：“夫仁人者，正其谊不谋其利，明其道不计其功。”一批批优秀的党的干部，正是公而忘私、勇于担当，以无功为耻，以实绩为德。

---

① 习近平：《在俄罗斯索契接受俄罗斯电视台专访时的答问》（2014 年 2 月 7 日），《人民日报》2014 年 2 月 9 日。

焦裕禄跑遍兰考1600个沙丘探求治沙之法，孔繁森在茫茫雪域跋涉8万多公里苦思发展之策，牛玉儒“生命一分钟，敬业六十秒”，杨善洲用20多年造就莽莽林海惠及群众，兰辉冒着30多度高温天气的炙烤为村民排除险情……摒除私心杂念，眼里有群众，心中装着公义，才能干出一番事业，人生才有价值。

常常听到这样的感叹，“中央政策很好，下面政策好狠”。但是，中央又苦于得不到下面的真实情况，“多栽花，少栽刺”的世俗哲学正是这一现象形成的重要因素。种种迹象表明，“家丑不可外扬”已成为一些地方政府与中央博弈的一个重要“潜规则”，是中央政策难以落到实处的一个潜在的深层次阻力。要突破这个阻力就必须打破“家丑不可外扬”这一“潜规则”。

典型案例

好人未必是好官
下属送钱仍然举荐 把钱上交依旧落马

《人民日报》刊发了一篇关于“如何用好‘四种形态’”的重磅文章，文章在提及新乡市委原书记李庆贵的案例时，引用了一段文字：“好人未必是好官，不愿得罪人，维护一个，失去一片。”引发了人们的深思。

去年9月，李庆贵“一夜成名”。他被免去领导职务不是因为自己腐败，而是因为没能压住不正之风。《人民日报》的文章首次披露了他履责不力的若干细节：新乡市委原常委、公安局原局长孟钢在干部调整中向他行贿，李庆贵既没当面拒收，也未向组织报告，仍在换届中向上级组织推荐了孟钢，只是随后将钱上交廉政账户；新乡市原副市长崔学勇经李庆贵推荐得到重用，他虽掌握对其举报的材料，也在崔学勇的辩解中听出矛盾，却并未深究。这些干部先后被查处。

好官一定是好人，但好人未必就能成为好官。长安街知事发现，官场上的确有一批像李庆贵这样的“老好人”，长期奉行“多栽花、少栽刺”的行事准则，有的“坐视别人贪腐不管”，有的则玩起了“好人”的障眼法，自己搞腐败。

在普通群众眼中，江西省人大常委会原副主任陈安众的官场形象还算正面。在任期间，他大量提拔干部，很少惩办官员，更不得罪当地的权贵。他是官场的“老好人”，近似于孔子笔下的“乡愿”。他落马后，利用职务便利为他人谋利、本人或通过其特定关系人收受巨额贿赂等违纪违法事实被披露，而这些，曾都是他乐此不疲开展的“好人”交易。

明哲保身、绝不多事，看似中庸之道，有时也会被贪官用作面具。在湖南，政商界人士对湖南省政协原副主席童名谦的评价是谨小慎微的老实人，有“官德”而无官威。他在官场以清流自诩，决不多事，谁跟他汇报工作都是“好好好”三个字，无论是面对湘西泛滥成灾的民间集资，还是邵阳官场乱象，童名谦都选择了回避甚至放纵。

2013 年年底，童名谦被调查，成为党的十八大后首位因“玩忽职守”被双开的省部级高官。

（资料来源：《举荐完送钱下属　市委书记转身把钱交上》，长安街知事 2016 年 5 月 6 日）

案例启示

与童名谦类似，一些“老好人”尸位素餐、碌碌无为，还不以为耻、反以为荣，认为自己维护了“安定团结的大局”。有人甚至还总结出了一套明哲保身的官场“秘诀”：多一事不如少一事，多喝开水身体好、少管闲事威信高……“老好人”看似无欲无争，无罪无害，无功无过，实则是以党性原则换取圈子利益，是一种软腐败。

当前，不落实主体责任，是为官不为的一种主要表现，有的地方对屡屡出现的重大腐败问题不制止、不查处、不报告，有的甚至袒护、包庇。从李庆贵的案例看，这样的“老好人”思想终究害人害己。

为官者必讲党性守原则，莫为“老好人”。孔子曰：“乡愿，德之贼也。”党员干部在其位，谋其政，就要讲党性，不能当老好人。运用好监督执纪“四种形态”，对同志，对自己，既是监督，更是爱护。

深度思考

1.“中央政策很好，下面政策好狠”，暗含了怎样的官僚主义、形式主义？

2.作为党的领导干部，应如何保持纯洁的党内同志关系？

3.“好人未必是好官”反映了什么原则？

第八种　尸位素餐

党员干部如果占着位置、握着权力，却不思进取当“庸官”、推诿扯皮当“看官”、办事拖沓当“懒官”、装聋作哑当“堂前木偶”，尸位素餐施懒政，不想事、不干事、不成事，就会像一剂慢性毒药侵蚀党的肌体，使上下政令难通，事业发展迟滞，改革原地踏步。

经典论述

党的作风就是党的形象，关系人心向背，关系党的生死存亡。执政党如果不注重作风建设，听任不正之风侵蚀党的肌体，就有失去民心、丧失政权的危险。我们党作为一个在中国长期执政的马克思主义政党，对作风问题任何时候都不能掉以轻心。

——习近平：《在十八届中央政治局第十六次集体学习时的讲话》（2014 年 6 月 30 日），《习近平总书记关于反对形式主义官僚主义重要论述摘录》，人民网—中国共产党新闻网 2018 年 5 月 28 日。

聚焦突出问题，充分认识形式主义、官僚主义的多样性和变异性，摸清形式主义、官僚主义在不同时期、不同地区、不同部门的不同表现，紧密联系具体实际，既解决老问题，也察觉新问题；既解决显性问题，也解决隐性问题；既解决表层次问题，也解决深层次问题，抓出习惯，抓出长效。

——《中共中央政治局召开民主生活会　习近平主持并发表重要讲话》（2017 年 12 月 25 日至 26 日），《人民日报》2017 年 12 月 27 日。

勇于担当、善于作为。干事担事，是干部的职责所在，也是价值所在。党把干部放在各个岗位上是要大家担当干事，而不是做官享福。改革发展稳定工作那么多，要做好工作都要担当作为。如果不担当、不作为，没有执行力、战斗力，那是要打败仗的。

——习近平：《努力成为可堪大用能担重任的栋梁之才》（2021 年 9 月 1 日），《求是》2022 年第 3 期。

《汉书·朱云传》云："今朝廷大臣，上不能匡主，下亡以益民，皆尸位素餐。""尸位素餐"，比喻空占着职位而不做事，白吃饭。毋庸置疑，"尸位素餐"、无所作为，是典型的吏治腐败，这样的干部不仅不配为官，更应该被追责。老百姓说庸官害如狼，抨击的就是那些尸位素餐、碌碌无为的为官者。"此身苟一日之闲，百姓罹无涯之苦。"对于有权不用、弃用的失职行为，不但群众会嗤之以鼻，党纪法规也不会听之任之。一些领导干部面对不正之风故意"睁只眼闭只眼"，甚至在面对大是大非问题之时仍以"开明绅士"自居，结果被问责、追责。

一、为官不为、碌碌无为的表现

现在，确有一些官员在其位，不谋其政，混日子，得过且过。梳理各地"为官不为"的典型案例可以发现，官员"懒庸之疾"主要表现在以下几个方面。

第一，"不贪不占、啥都不干"，不想为。党的十八大以来，党和国家反腐败斗争与时俱进，利剑高悬；打虎拍蝇，频频出手；反腐肃贪，屡屡中的；高压反腐，持续发力，有效抑制了腐败蔓延的势头，促进了党风和社会风气的好转。但我们必须清醒看到，在"为官乱为"有所收敛的同时，"为官不为"风生水起，暗流涌动。一些官员对反腐倡廉持消极态度，患得患失，讨价还价，索性"礼也不收，事也不办"，变相刁难群众，让百姓无可奈何。正所谓"不贪不占、啥都不干"。

第二，"浅尝辄止、坐而论道"，不愿为。众所周知，当前全面深化改革是一项开天辟地、前无古人的伟大壮举，需要有"逢山开路，遇河架桥”的勇气，必须奋力冲破“两个束缚”，即“思想观念的障碍和利益固化的藩篱”，敢于啃硬骨头，敢于涉险滩，方能克服部门利益掣肘，披荆斩棘，砥砺前行。但要地方权力部门和基层干部革自己的命很难，他们之中的许多人，对解放思想，深化改革，习惯纸上谈兵，坐而论道，光说不练，浅尝辄止，对既得利益难以割舍，群众称他们“猪八戒拱地，嘴皮功夫了得”，“只有唱功，没有做功”。

第三，“束手束脚、害怕担责”，不敢为。党的十八大以来，中央出台八项规定等一系列新规，用以规范干部手中的权力，让干部过上了“紧日子”，让群众过上了“好日子”，备受关注、广获赞誉。但是，一些干部的干事劲头却降了下来，感觉任务重了、要求高了、标准提了，干起事情束手束脚，事情干得多了，拍板作了决策反而要多担责任，容易出事情，认为“多干不如少干，干不如不干”，甘做“太平官”，“只要不出事，宁愿不干事”。

第四，“本领恐慌、不学无术”，不会为。现在有一类干部，不思进取，安于现状，整天不读书，不看报，不学无术，干起工作捉襟见肘，丢三落四，决策时常出现失误。他们对新常态适应比较慢，不学习、不钻研，开展工作不得要领。但他们说起“酒话”来，往往“云天雾地”，自诩“两袖清风，一肚子酒精”“酒精考验的革命战士”。“软硬刁憨精，吓诈唬乱怦，一路鬼吹灯”，长袖善舞，堪称“公关能人”“官场油子”。

第五，“推诿扯皮、回避矛盾”，不思为。有些党员干部办事拖拖拉拉，议而不决，不分轻重缓急，含糊其辞，推诿扯皮。一些干部事不关己，高高挂起，认为“多一事不如少一事”，遇到矛盾绕着走，“光栽花，不栽刺”，能躲就躲，能推就推，不作为，慢作为，主动服务意识欠缺，堪称“占着位子不干事，拿着工资不出力”、滥竽充数的“南郭先生”。

二、如何判断党员干部是否尸位素餐

《人民的名义》的热播，让爱好天文、“胸怀宇宙”的孙连成火了一把。我们经常看到的腐败，都是些贪污受贿、以权谋私的伎俩，以至于很多人都产生了错觉，以为只有这样的人才算是腐败官员，只有这样的行为才算是腐败行为。其实，像孙连成这种尸位素餐者，也是极具危害性的腐败。你说他不干活，他也干；你说他干活，他什么问题都不解决不了。上面让他离开，找不到理由，他一个错也不犯，因为人家一件事都不做。下面催他干活，他能找到无数理由搪塞，利用其手中的“合法伤害权”跟你周旋，每句都是政治绝对正确的根据。像孙连成这样，在其位不谋其政，“占着茅坑不拉屎”的官员、领导，在中国不乏其人。当然，孙连成这种“胸怀宇宙”的尸位素餐者，还是比较幼稚的、比较低水平的。那么，尸位素餐最高水平是什么样子呢？是“勤政爱民”式的尸位素餐，打着勤政爱民的幌子、干些无关大局、无关痛痒的小事，实属无能平庸、却偏爱揽活好大喜功。这种人升级了，他不是不干活了，而是净拿着牛刀去杀鸡仔。我们常说，将军赶路，不打野兔，但中国偏有很多“专打野兔”的将军。就好比一个财务总监，不好好地整理账本，却天天跟大领导打情骂俏，搞关系至上，本职倒成了最末。

再打个比方，如何评判一个将军是有能耐、有作为的将领？不是看他如何练兵，不是看他如何有威仪，不是看他如何讨好领导，而是看他能否打得出胜仗。有些将领是这样的：平时练兵、训兵也能做到“令素行”，对下属士兵也有威风仪态，说一不二。整体来说就是个好将领，但就是不能打个胜仗出来。冬天打败仗，他推说士兵筋骨舒展不开，并非败在自己指挥上，只是败在天气太冷；雨天打败仗，他推说天气下雨预料不及，并非败在自己计划上，只是计划赶不上变化。反正，所有的败仗都不是他的错，都不是自己指挥失误，都是外部因素所致。你若是领导，你敢用这样的人吗？平时英雄，战时草包，成事不足，败事有余。你若是小兵，你敢跟着这样的将军吗？小战受伤，大战受死，跟着他，没有任何前途可言。

怎么判断一个人是不是尸位素餐呢？很简单。如果一个人在某个职位上，做了一个月，没有出成绩，可以理解是水土不服；如果一个人在某个职位上，做了一整年，依然没有成绩，那就是尸位素餐。一切看结果，不问原因，只看结果。给足够多的时间，他还是翻腾不出水花来，这就已经说明他无能了。无能的人，不尸位素餐，还能干什么？领导用人，一定要明确，用人不当，一颗老鼠屎坏了一锅粥；下属选择领导，也要考虑清楚，遇人不淑，浪费十年青春也搞不出动静来。

2014 年 10 月 8 日，习近平总书记在党的群众路线教育实践活动总结大会上深刻指出：“当前，所谓‘为官不易’、‘为官不为’问题引起社会关注，要深入分析，搞好正面引导，加强责任追究。”他强调：“我们做人一世，为官一任，要有肝胆，要有担当精神，应该对‘为官不为’感到羞耻，应该予以严肃批评。”

三、当官避事平生耻、不忘初心勇担当

不担当、不作为，就是尸位素餐，就是对事业和工作极不负责。“居官者，须精励敏捷以勤政；碌碌无能者，草木同朽。”权力不是一种荣耀，而是一副担子，意味着责任担当。党培养干部就是服务群众的，把干部放到重要岗位，就是希望干部能够正确运用权力造福于民。习近平总书记强调，“干部就要有担当，有多大担当才能干多大事业，尽多大责任才会有多大成就”，“要拎着‘乌纱帽’为民干事，不能捂着‘乌纱帽’为己做官”。

“当官避事平生耻，视死如归社稷心”。“当官避事平生耻”，这是一句古话，其意大致是为官者应在其位谋其政，以敷衍塞责、怕事躲事为耻。敢于担当，是共产党人的鲜明品格，靠的是信念，讲的是付出，比的是智慧，拼的是定力。对于那些自以为是、玩弄权力、尸位素餐、屡教不改的“不为者”，要严肃惩戒、坚决清理出干部队伍，毫不留情，毫不手软。能上能下已经成了干部选拔任用的新常态，勤勉实干是评价干部干事状态的重要指标，让尸位素餐者让贤，才能让实干者大展拳脚，有用武之地，肃清领导干部队伍之中的懒惰风气，才能优化干事环境，净化政治生态，回归“比、学、赶、超”的干事创业氛围。

习近平总书记多次讲过两晋学士虚谈废务的故事，王衍就是其中一个代表人物，可谓舌辩滔滔、无人能及。西晋末年，羯族首领石勒起兵进犯洛阳，王衍作为太尉随军前去讨伐，结果兵败被俘。石勒问他西晋溃败的原因，他百般为自己开脱，说自己从年少时就不参与政事。石勒斥责他：你名盖四海，身居重任，少壮登朝，至于白首，怎么能说没参与朝廷政务，“破坏天下，正是君罪”。后来，王衍被石勒派人杀死，王衍临死前哀叹，如果自己平时不是追求虚浮、而是努力做事，也不至于到这个地步。现实中，此类夸夸其谈、不干实事的人也很多。①

“当官避事平生耻”，倘若在其位不谋其政，见了责任就推，遇到任务就躲，上不能利党利国，下无以益民益众；倘若只计个人得失，遇到矛盾绕着走，碰到问题不敢抓，面对风险不敢闯，不敢作为做庸官，那不仅是党员干部个人最大的耻辱，而且会严重损害党和政府形象，让人民丧失信心。现实中，有些党员干部好像表现得政治上很成熟，但深入分析起来，其实是一种不问政治是非、不讲政治原则的圆滑。他们有的

① 习近平：《努力成为可堪大用能担重任的栋梁之才》（2021 年 9 月 1 日），《求是》2022 年第 3 期。

明哲保身、“爱惜羽毛”，在大是大非面前当所谓“开明绅士”，甚至在涉及党的领导和中国特色社会主义道路等原则问题的政治挑衅面前无动于衷、置身事外；有的见风使舵、投机钻营，对自己政治前途有利的就上，没利的就躲，遇到重大政治事件和敏感问题没有态度，甚至故意耍滑头、当“墙头草”。这些人表面上很风光，但骨头不硬，关键时刻靠不住。如果干部队伍中这样的人多了，就会贻害党和人民事业。今天，我们比历史上任何时期都更接近、更有信心和能力实现中华民族伟大复兴的目标，这既意味着我们已经积累起促成质变的历史性成果，也意味着我们到了最艰巨的攻坚阶段，不可避免地会遇到许多重大挑战、重大风险、重大阻力、重大矛盾。面对敌对势力加紧对我国实施西化、分化战略，面对意识形态领域的尖锐较量，面对激烈的国际政治斗争，面对艰巨繁重的改革发展稳定任务，等等，都需要广大党员干部强化责任担当、增强斗争精神，敢于亮剑、敢于碰硬、敢于攻坚、敢战能胜。党员干部要通过自省、自责、自律、自警，自觉承担应尽之责，不做历史的罪人，不负党和人民的重托。

典型案例

“滥竽充数”云南1117名驻村干部被召回

云南是全国脱贫攻坚的主战场，全国14个集中连片特困地区中，云南有4个。截至2015年年底，全省仍有471万贫困人口，全省贫困县数为全国最多。为此，云南省提出了“抽强人、强抽人”要求，今年全省派驻驻村扶贫工作队员近4万人，覆盖了全省4277个贫困村。

但在实际工作中，有的驻村帮扶干部搞“走读式”“挂名式”帮扶，有的驻村干部“只转转、不用心”“只谈谈，不落实”。针对这些情况，为加强对驻村扶贫工作队员的管理，充分发挥驻村扶贫工作队员的作用，更好地推动脱贫攻坚工作的开展，2016年4月，云南公布实施的召回办法共18条，内容包括驻村扶贫工作队员召回原则、应召回的情形、召回处理措施等。

根据《云南省驻村扶贫工作队员召回办法（试行）》规定，扶贫工作队员因能力素质不高，不能胜任脱贫攻坚任务；作风不实，履职不力，造成不良影响，干部群众意见大；无正当理由不在岗；季度综合排名全县末5位；每季度在岗工作时间（含因公出差）少于50天；违纪违法受到处理；派出单位及当地乡党委、政府、村委会认为不适宜继续担任，以及因工作调动、自动离职或辞职辞退、因健康原因不能健康履职等其他原因的，将被召回，并根据不同情形，对召回的驻村工作队员采取正常调整、组织培训、批评教育、书面检查、诫勉谈话、免职撤换等处理措施。

据悉，驻村扶贫工作实绩作为职务升降、职称评聘、安排使用的重要依据。被召回人员除影响个人评先评优、提拔使用外，对派出单位及相关负责人、县驻村扶贫工作队总队长及副总队长年度综合考核成绩，也将予以不同程度的扣分，并取消其评优资格。

为落实这一规定，云南各县都成立了监督检查组。监督检查组采取“不定期、不打招呼”“一竿子插到底”的方式进行多次明察暗访。德宏州芒市对两次督查都无正当理由不在岗的9名驻村工作队员实施了召回；大理白族自治州祥云县对上半年驻村扶贫工作队员进行民主测评和考核后，召回5个单位派出的5名工作队员，对其中一名工作队员进行免职撤换处理，责成单位5日内提出新派人选，审批后派驻到村；怒江傈僳族自治州有34名工作队员在季度综合测评中被召回，其中因工作需要正常调整14人，季末综合测评表现不佳召回20人。

（资料来源：《滥竽充数　云南1117名驻村干部被召回》，《中国青年报》2016年8月16日）

案例启示

对“滥竽充数”的驻村干部不能“一召了之”

在精准扶贫这条路上，云南省提出了“抽强人、强抽人”要求，让近4万名驻村扶贫干部覆盖了全省4277个贫困村，以便打好这项扶贫攻坚战，理想是美好的，可是在现实的落实上，却总是困难重重。看到有的驻村帮扶干部搞“走读式”“挂名式”帮扶，有的驻村干部“只转转、不用心”“只谈谈，不落实”，希冀驻村扶贫带来的预期效果，能否指日可待，就只能玄之又玄了。

“滥竽充数”的这1117名驻村干部被召回，对于这个数字着实令人有些惊叹，数量真的不少，试想这么多滥竽充数的干部存在，不仅让扶贫政策大打折扣，而且还会给当地扶贫工作带来掣肘。驻村干部“走形式”“不用心”，能瞒得住老百姓的眼睛吗？在群众眼里，驻村干部就是“救命稻草”，但是如此这般的干部，却只能让群众“期望越大，失望越大”，因这些干部而延误了扶贫工作，该怎么向老百姓交代，又该怎么向党和国家交代呢？

虽然这1117名不合格的干部被召回了，但绝不能“一召了之”。必须拿起“问责”的利剑，让这些不守纪的干部尝尝自酿的“苦果”，而且要坚决兑现这个承诺：“不称职者一律召回且不得评优、不得提拔”，消除干部借扶贫工作而“爬梯”的心理。

在这类干部身上，我们看到了，他们不负责任的态度，有的干部把扶贫政策看成玩笑，有的把扶贫工作当成“踏板”，甚至有的派出单位不重视驻村扶贫干部，出现派出“老弱病残”人员现象，这些干部，这些单位对扶贫政策阳奉阴违，是不严不实的表现，更是一种工作态度乃至工作作风问题。对待这样的干部，严肃问责就是一个必要的环节。

要问责他们在扶贫工作中的错误行为，要问责他们对工作的不负责任态度，要问责他们的思想不到位，甚至动机不纯问题，让纪律的“钢牙”发挥作用，给他们治治这思想之病、这作风之病、这行为之病，要让他们为自己的错误行为付出应有的代价。并且，个别单位的不重视以及驻村工作组队长的失职也要在问责的范围内，凡是对待扶贫工作不认真的干部或是部门，都必须问责。要把扶贫工作看成一项切实为民的福利任务去做，而不是只顾自己的小算盘，或是只是为了完成任务而“耍小聪明”，类似这种行为都需要被严肃问责，让这类干部吃吃苦果，才能长记性，也借此教育广大党员干部，给他们打好预防针，在扶贫工作中，用切切实实的行动为老百姓带来实实在在的利益。

召回这些不称职的干部，不要抱着“一召了之”的思想，问责必须跟进，而且，还要选拔新的驻村干部，补上这些干部的岗位，让扶贫工作不停歇，让更多优秀的驻村干部给贫苦地区的人民带来希望和发展的动力，打好精准扶贫这场翻身仗。

深度思考

1. 如何避免领导干部尸位素餐？

2. “尸位素餐”这种官僚主义有什么隐蔽性？

3. “尸位素餐”的领导干部常有什么表现？

第九种　好人主义

提起好人，人皆赞之。但如果在“好人”后面加上“主义”二字，味道和性质就变了。不知从什么时候起，无论是说自己的缺点还是说别人的缺点，似乎成了一件很难办、很纠结和很尴尬的事情。不少人或避重就轻、隔靴搔痒，或旁敲侧击、声东击西，总喜欢把缺点说得很巧妙、婉转和艺术，好比“思想按摩”，让人听得舒服，易于接受，于是出现了“自我批评谈情况，相互批评提希望”的怪现象，好人主义盛行。奉行好人主义，实际上是“私”字当头、“我”字为先。

经典论述

一个好的领导班子，要善于团结协作。大事讲原则，小事讲风格，遇事多通气，多交心，多谅解，真正做到讲团结、会团结。讲团结不是不要原则，而恰恰是要坦诚相见，勇于直率地开展批评与自我批评。在一个班子里就像是在同一条船上，开展工作就好比划船。大家同舟共济，目标一致，心往一处想，力往一处使，形成了合力，这船就能往预定的目标快速前进。

——习近平：《要“和”才能“合”》（2007 年 1 月 19 日），《之江新语》，浙江人民出版社 2007 年版，第 254 页。

坚持原则、敢于斗争。坚持原则是共产党人的重要品格，是衡量一个干部是否称职的重要标准。现在，一些干部错误理解“和为贵”，一味讲“宽容”、讲“和气”，当老好人，对政治原则问题含含糊糊，对大是大非问题做“开明绅士”，对不良现象听之任之，还有的八面玲珑、左右逢源，说话办事看来头、看风向，随波漂，随风倒，这同党性原则是背道而驰的，必须坚决纠正。

——习近平：《努力成为可堪大用能担重任的栋梁之才》（2021 年 9 月 1 日），《求是》2022 年第 3 期。

明代作家冯梦龙在《古今谭概》中写道，东汉末年的司马徽从来不谈论别人的短处，无论美丑都说“好”。有人问司马徽：“身体好吗？”他说：“好。”有人把自己儿子的死讯告诉他，他说：“很好。”妻子责备道：“哪有听说别人死了儿子，反而说很好的呢？”司马徽说：“你刚才的话，也很好。”寥寥几笔，“好好先生”圆滑世故的形象跃然纸上。因为不讲原则、不分是非，好人主义一直被世人诟病。

对共产党人来说，“好好先生”并不是真正的好人。孔子说：“乡愿，德之贼也。”就是说那些不分是非、不得罪乡里的“好好先生”，其实是破坏道德的人。《红楼梦》里则以一句“又要自己便宜，又要不得罪了人”，把这种人刻画得入木三分。

从小，我们就经常被长辈教导：“将来要做一个好人。”这里的“好人”，是指“利他主义者”以及利己又利人的“公益者”，然而，时下却有人错将“做个好人”理解成了“好人主义”。所谓“好人主义”，顾名思义就是谁也不招、谁也不惹的处世哲学，听起来仿佛与世无争、本本分分，但实质上却是不辨是非、不讲原则。毛泽东同志曾经给好人主义这样画像：“因为是熟人、同乡、同学、知心朋友、亲爱者、老同事、老部下，明知不对，也不同他们作原则上的争论，任其下去，求得和平和亲热。或者轻描淡写地说一顿，不做彻底解决，保持一团和气。”[①] 好人主义者用庸俗的得失观看问题，用扭曲的是非观判对错，用狭隘的利害观干事业，八面玲珑、左右逢源，心中的“小算盘”算计的都

① 毛泽东：《反对自由主义》（1937 年 9 月 7 日），《毛泽东选集》第二卷，人民出版社 1991 年版，第 359 页。

是一己私利，将党和国家的需要以及人民的利益弃于脑后。好人主义就似“糖衣炮弹”，表面甜蜜，危害却非常巨大。

一、共产党人要明辨是非、坚持原则，坚持防止和反对个人主义

当前，少数地方和单位存在一种很不好的现象，就是好人主义盛行。民主生活会上你好、我好、大家好，谈成绩的多，提出批评意见的少；说优点一大堆，讲问题则轻描淡写，做顺水人情，当“好好先生”。揣着明白装糊涂，睁着眼睛说瞎话，于是人人争当好人，好人主义开始大行其道。

好人主义主要表现在以下三个方面：一是沆瀣一气，互惠互利。有的领导干部遇事不辨是非，发现问题听之任之；有的领导干部打着为干部职工谋福利的旗号，损公肥私，慷公家之慨，谋一己私利；有的甚至为了自身利益，不惜以制度、原则为代价，做交易，做“好人”。二是纵容下级，粉饰太平。有的领导干部信奉“多种花，少栽刺”，得罪人的话不说，得罪人的事不做，总是一团和气，避重就轻，即便下属违纪违规、出了问题，还包着、裹着、护着，能捂则捂、能盖则盖，该批评的不批评，该追责的不追责，该惩处的不惩处，大事化小、小事化了。三是带头违纪，没有底线原则。“宁让规矩破个洞，不让感情裂条缝”，对熟人有求必应，即使明知不对，仍照办不误。习近平总书记在党的十九大报告中指出，要“坚决防止和反对个人主义、分散主义、自由主义、本位主义、好人主义”。好人主义违背党的性质宗旨、违背党性原则，侵蚀党的肌体健康，为群众所痛恨、为党员干部所厌恶。全面从严治党永远在路上，全党必须从党的初心使命、兴衰成败、人心向背的高度，旗帜鲜明地反对好人主义，从根本上坚决克服好人主义。

遇事一团和气，讲私情而不讲党性。共产党员只有讲党性，才能保证党的先进性、纯洁性。共产党员必须讲党性，这是对一名共产党员最起码的要求。然而，一些党员干部将党性要求抛到脑后，热衷于一团和气，推崇“你好我好大家好”“上级对下级，哄着护着；下级对上级，捧着抬着；同级对同级，包着让着”，对上级说话溜须拍马、对同级说话嘻嘻哈哈、对下级说话哎哎呀呀、对百姓说话叽叽喳喳；奉行“多一事不如少一事”“打太极”“和稀泥”，该指出的不指出、该表态的不表态、该提醒的不提醒、该承诺的不承诺；信奉“逢人只说三分话，未可全抛一片心”，对上级不全说真话，对同事不把真话说全，对下级不全是真话，对百姓全不说真话。

做好好先生，讲关系而不讲原则。共产党员就要讲原则，守好党的纪律规矩的底线、红线。然而，一些党员干部，八面玲珑、四处讨好，宁可丧失原则，也不伤害感情。怕这怕那，好话不说全、坏话从不说，模棱两可，让人摸不着头脑、找不到方向，甚至在大是大非面前不批评、不制止、不斗争；得过且过，“只种花、不栽刺”“你不批我、我不批你，你若批我、我必批你”“万事留一线，日后好相见”，对与自己关系好的就网开一面、对与自己关系一般的就边走边看拖着办；高高挂起，对与自己切身利益无关的事，能不管就不管、不能不管就想着办法不管、实在得管就按关系办事，“关系好的里面请、关系差的靠边站”，丧失了共产党员的底线。

工作绕道而行，讲索取而不讲奉献。一个支部就是一个战斗堡垒，一名党员就是一面旗帜。共产党员就要敢于担当、勇于奉献，在为党担当、为党奉献中实现价值。然而，一些党员干部，工作上拈轻怕重，遇到矛盾绕着走、遇到困难退着走、遇到群众躲着走。好活快活有收益的事，这样容易被领导看到、容易得到提拔、容易为大家所关注的事就抢着干、争着干；轻活慢活显成绩的事，还要看看情况、看看心情，左思右想、前后考虑、挑肥拣瘦，毫无奉献精神；重活累活压担子的事，能不干就不干、能推掉就推掉、能搪塞就搪塞，毫无责任之心。

二、采取有力措施，杜绝好人主义

面对领导干部“好人主义”的为官处世态度，就要做出以下应对措施。

第一，树立正确的用人导向。坚持正确的选人用人标准，大胆起用那些敢于坚持原则、动真碰硬、敢抓敢管的人，营造一种支持干事创业的良好氛围。

第二，规范管理制度。建立健全干部履职和管理考核评价体系，对风险控制、制度执行、监督管理作用等进行全面考核和评价，形成“有责必考、有责必究”的约束机制，绝不搞下不为例和特殊情况，在干部管理上真正“严起来、落下去”，发挥制度的威力，坚决把责任压下去，坚决破除好人主义、一团和气，扎紧全面从严治党的制度笼子。

第三，严肃党内政治生活。严格党的组织生活，重点落实好“三会一课”、民主生活会、组织生活会、民主评议党员等制度，用好批评与自我批评这个“利器”，着力增强党内生活的政治性、时代性、原则性、战斗性。切实加强对党内政治生活开展情况的监督检查和问责，使党内政治生活真正严格起来，并落实下去。

第四，严格责任追究。对领导干部奉行“老好人”主义的违纪违规行为，以零容忍的态度坚决查处。把责任追究作为一项“规定动作”，凡管辖范围内出现工作失职、决策失误、对下属失管，引发严重投诉，导致发生重大事件或严重后果的，要坚决依照相关规定严肃惩处。

第五，强化宣传教育。坚持以教育为本，警示为要，着力加强党员干部教育监督管理。一方面，充分运用党内活动载体，开展党员意识和宗旨教育，在党内深入开展各种教育主题实践活动；另一方面，运用反面典型案例，警示警醒党员干部，保持高压态势，形成威慑力，引导广大党员干部树牢纪律和规矩意识，坚决克服好人主义思想，摈弃庸俗之风，弘扬浩然正气。

三、开展批评和自我批评，永葆共产党人的本色

现在，确实有一些党组织和领导干部好人主义盛行，对错误的东西听之任之，把批评和自我批评的武器丢得差不多了。对上级，热衷于“吹喇叭”“抬轿子”，百般投其所好，即使明知其不对，也一味迎合；对同级，“你好我好，大家都好”，极力保持一团和气；对下级，有心“栽花”，无意“栽刺”，该教育的不教育，该批评的不批评，甚至出了问题，还包着、护着，凡此种种，不一而足。我们必须深刻认识好人主义的本质和危害，采取坚决措施加以克服和纠正。好人主义，是一种讲私情而不讲党性、讲关系而不讲原则的庸俗作风，对党的事业的危害不可低估。批评和自我批评，是我们党坚持真理、修正错误、永葆先进性的有效途径，也是党员坚持党性原则的重要体现。好人主义，从庸俗的关系学出发，掩盖真相，回避矛盾，放弃批评，取消积极的思想斗争，这是党内生活不正常的表现。好人主义盛行，实际上起了掩护和纵容党内错误思想和言行的作用，必然会使党组织大大减弱甚至失去解决自身矛盾、促进团结和进步的能力，最终削弱党的战斗力和执政根基。好人主义，看起来是对人“好”，其实是对同志不负责任。发现同志有了缺点、错误，应当及时指出，帮助其改正，这是对同志真讲情谊、真负责任。“小洞不补，大洞吃苦。”许多干部犯错误总是有一个从量变到质量的过程，开始往往只是出现一个缺口，而这时候的一次批评，犹如醍醐灌顶，当头棒喝，会使干部警觉，不至于越走越远，

滑入错误甚至是犯罪的深渊。好人主义意在讨好、得好，但最终却是对自己没有好处的。好人主义奉行的是明哲保身的处世哲学，这样的人可能会有“好人缘”，也可能会得到某些“好处”。但是必须明白，我们的事业需要的是光明磊落、一身正气的干部，只有这样的同志才能经得起实践的检验，得到人民群众的衷心拥护。而那些一事当前，先为自己打算，瞻前顾后、患得患失的“好好先生”，在丢掉了党性原则的同时，也丢掉了自身的威信。而且，这样的干部往往难以把心思集中在工作和学习上，从而影响自身素质和能力的提高，最后必然难以适应新形势、新任务的要求，难以担当重任。好人主义盛行的原因，说到底是私心杂念在作怪，批评上级，怕得罪领导；批评同级，怕陷入孤立；批评下级，怕丢选票。这些同志怕这怕那，唯独不怕党和人民的利益受到损害，不怕丧失共产党员的本色。

一些党员干部奉行好人主义，与民主集中制原则坚持得不好、领导班子和干部队伍中缺少批评和自我批评的空气有关系。有的领导干部一听好话，就喜滋滋、乐陶陶；而听到批评和不同意见，就火冒三丈，老大不高兴，甚至耿耿于怀，搞打击报复。在这样的地方和单位，批评和自我批评怎么能开展起来呢？克服好人主义，还有一个完善干部选拔任用制度的问题。要坚持扩大干部工作民主的基本方向，进一步完善民主推荐、民主测评等制度，抓紧制定体现正确政绩观要求的干部实绩考核评价标准，切实做到既坚持群众公认又不简单地以票取人。要坚持正确的用人导向，注意发现和保护那些德才素质好、工作作风实、敢抓敢管的干部。在我们党内，决不能让那些敢于坚持原则、踏实工作的人吃亏，决不能让“老好人”占便宜，决不能让好人主义有市场。

典型案例

“老好人”懒政受处分：某镇副科级干部赵某某案例剖析

党员干部无论职位高低、权力大小，都应该勇于担当、积极作为。然而，山东省阳谷县某镇副科级干部赵某某“老好人”思想严重，对自己分管的工作不闻不问、不抓不管，导致下属违纪行为陆续发生，影响恶劣。

自 1996 年参加工作以来，赵某某一直是领导、同事眼中的“老实人”，和大家关系融洽，也颇得领导的信任。2011 年 12 月，被提拔为副科级干部后，赵某某认为是“好人缘”为自己迎来了职位的升迁，也就越加在意周围人对自己的评价。心态的变化，让赵某某由原来的“老实人”慢慢变成“老好人”，当起“和事佬”，做起了“圆滑官”。

2013 年 1 月，该镇为了加强用电管理，节约开支，决定把镇党委、政府的电费支出和日常维修维护外包。之前，镇党委、政府的电路维护维修一直由办公室工作人员王某某负责，王某某认为自己熟悉情况，承包下来也能增加一些收入，就向镇里提出了承包申请。赵某某作为办公室分管领导，负责审批。赵某某认为，电费承包给谁都一样，自己的下属开了口，如果不同意，就会得罪他，倒不如送个人情。赵某某在明知机关工作人员不能从事营利性活动的情况下，放任了王某某的违纪行为，没有进行提醒制止。2013 年至 2016 年，王某某通过承包该镇党委、政府电费的方式获利 94521.81 元。

就是这样的“老好人”思想，使得赵某某这个“好人”在违纪的道路上越走越远。看准了赵某某的这种处事态度，2016 年 3 月，该镇党政办公室工作人员孙某某，违规为自己的亲属邓某某在该镇财政所报销其名下的车辆维修费用 2481 元。作为分管领导，赵某某仍然坚持着自己“不得罪人”的为官信条，对下属的行为听之任之，没有进行审核把关。

当不作为、不担当形成“习惯”时，工作标准也一落千丈。2013年，赵某某在未经该镇党委会研究的情况下，私自为马某某填写党员转正审批意见，并且在未认真核实的情况下，为马某某出具了入党证明材料。

（资料来源：《“老好人”懒政受处分——阳谷县某镇副科级干部赵某某案例剖析》,《聊城日报》2017年9月5日）

案例启示

奉行好人主义、怕得罪人，虽表面上不贪不占，却给各种腐败和违规行为开了口子、留了路子，其危害与“蝇贪”“硕鼠”无异。在赵某某心中，纪律和规矩是虚的，宁肯罔顾纪律，也不愿得罪人。为博得好人缘丢掉原则，为赢得好名声弄虚作假，看似“对谁都好”，实则时时想着个人利益，处处考量个人得失，这是典型的担当精神不够、责任意识缺乏、规矩意识淡漠的表现，损害的是党的形象和纪律权威。

工作作风的问题绝对不是小事，如果不坚决纠正不良风气，任其发展下去，就会像一座无形的墙把我们党和人民群众隔开，我们党就会失去根基、失去血脉、失去力量。改进工作作风，就是净化政治生态，营造廉洁从政的良好环境。习近平总书记把“治理好人主义等不良风气”作为整治党风建设中存在的突出问题，警醒全党“十分注意”。在管党治党越来越严的形势下，仍然有一些党员干部存在不敢批评、不愿负责的“老好人”作风，这些人得罪上级怕影响仕途，得罪同级怕伤了和气，得罪下级怕丢了选票，总想“多种花”“留一手”，这是一种讲私情不讲党性、讲关系不讲原则的庸俗作风，如不采取行之有效的措施及时制止，就会纵容党员干部滋长不负责任的态度作风，损害党的形象和纪律权威。

深度思考

1. 好人主义有什么特点和危害？

2. 避免领导干部奉行好人主义的措施有哪些？

3. 为什么“老好人”现象也是一种腐败？

第十种　懒汉式

有些地方和单位懒政怠政、为官不为的官场风气盛行。部分党员干部奉行为官“中庸”之道，在其位不谋其政，为官不为、庸懒散浮拖，把“甘居中游”当成做人做事的“秘诀”，不愿精益求精，只想得过且过，当一天和尚撞一天钟，满足于“凑合”，习惯以“比上不足，比下有余”自我安慰。作为党员干部，不坚守宗旨信仰，不勤政为民，从病理学的角度来说就是一种病态。与失职渎职无异，其危害不亚于腐败。“懒官”现象不仅暴露出有的党员干部信仰缺失，思想精神缺“钙”，为民意识淡薄，也反映出有的党员干部因循守旧，不敢创新，能力不够，没有责任担当。

经典论述

要加强对工会干部的教育、管理、监督，完善联系职工群众的制度机制，深入基层一线，加强调查研究，坚决防止“四风”特别是形式主义、官僚主义，让职工群众真正感受到工会是职工之家，工会干部是最可信赖的娘家人、贴心人。

——《习近平在同中华全国总工会新一届领导班子成员集体谈话时强调　团结动员亿万职工积极建功新时代　开创我国工运事业和工会工作新局面》（2018 年 10 月 29 日），《人民日报》2018 年 10 月 30 日。

现实中，此类夸夸其谈、不干实事的人也很多。比如，有的唱功好、做功差，工作落实在口号上，决心停留在嘴巴上；有的摆花架子、做表面文章，应景造势、敷衍应付；有的消极懈怠、得过且过，上面推一推才动一动，不推就不作为；更有的有令不行、有禁不止，甚至欺上瞒下、弄虚作假。

——习近平：《努力成为可堪大用能担重任的栋梁之才》（2021 年 9 月 1 日），《求是》2022 年第 3 期。

道阻且长，行则将至。前进道路上，无论是风高浪急还是惊涛骇浪，人民永远是我们最坚实的依托、最强大的底气。我们要始终与人民风雨同舟、与人民心心相印，想人民之所想，行人民之所嘱，不断把人民对美好生活的向往变为现实。

——习近平：《在二十届中央政治局常委同中外记者见面时的讲话》（2022 年 10 月 23 日），《求是》2022 年第 22 期。

懒政，顾名思义，与“勤政”相对，是指政府工作人员或政府部门对处理相关问题时采取的一种做法过于简单、作风粗糙的行为。有人曾经将“懒政”作过“倒洗澡水连孩子一起泼掉”的幽默比喻，可见“懒政”危害之大。那么，为什么会出现懒政这一现象呢？一方面是因为这些地方政府管理部门群众观念淡薄，只图自己省事，不顾群众方便不方便；另一方面也凸显了这些地方政府管理部门管理思想贫乏、施政方式粗糙、工作方法简单、行政能力不高、行政信心不足的现实。“懒政”是行政不作为在当代政坛的典型体现，是对“政府不作为”表征的一个指称。有学者认为“懒政”实质是行政不作为，部分官员只会享受职权而不问政，这是“为官不为”的懒政。从行政法学的角度进行诠释，“懒政”指的是具体行政行为中的行政不作为。它是公共行政领域行为主体负有应当作为的权利义务且具备能够作为的条件，但在行政法定程序上却没有作为或不充分作为的行为。“懒政”的内涵是广泛的，“为官不为”“庸官懒政”“怠政”“误政”等现象均在“懒政”的研究视阈之内。从这个角度而言，凡是未能用心、尽力、及时、尽责、深入地开展工作的官员，都可以称为懒政者。

列宁曾把官僚主义视为党内最危险的敌人，指出“如果说有什么东西会把我们毁掉的话，那就是这个”。我们要克服事务式的官僚主义、老爷式的官僚主义、文牍式的官僚主义，同样也要克服“懒汉式”的官僚主义。因为，只有勤于思考、勤于深入、勤于具体，才能担当百姓的重托、历史的重任。

一、“懒政”的主要表现

（一）不愿为

一是好逸恶劳，不愿为。信息经济学理论认为，在经济活动中，一些成员拥有其他成员无法拥有的信息，由此造成信息的不对称，由于信息优势方具有主导权，在交易达成之前会产生逆向选择。公共领域同样如此，政府受人民的委托理应对委托人负责，然而作为政府代理人的官员，拥有公权力，自然成为信息优势方，产生了代理人支配委托人的“逆向选择”。加之传统“官本位”思想的影响和现代公务员职业精神塑造不足，部分官员只等群众主动找上门，养出了许多懒官。二是收益不足，不愿为 。行政人也是经济活动中的“理性人”，其决策势必会考虑自身收益。在社会主义市场经济体制下，仅仅依靠集体价值游说来促使公务员发愤图强显然不够。在政府权力不断扩张的当代，许多公务岗位的工作量与日俱增。然而，我国公务员薪酬水平较低，导致公务员勤勉工作的内在动力不足。此外，公务员奖金微薄且缺乏梯度，“干不干事一个样”，既挫伤了勤政者的事业心，又很难让懒政者怀有心理危机感。如此一来，“懒政”成了官员考量收益状况之后的“理性选择”。三是群体压力，不愿为 。社会心理学认为，群体对其成员具有影响力。当群体成员的思想或行为与群体规范相左时，群体成员就会感受到一种无形的心理压力，使其倾向于做出与群体规范相一致的行为。官员个体的行为受公务员群体的影响，换言之，公务员群体倡导怎样的行政文化，对个别官员勤政与否至关重要。然而，在层级节制的官僚制结构中，官员的理想信念淡漠，为了搞好人际关系，许多官员奉行“枪打出头鸟”的做事原则，一心做“太平官”，“当一天和尚撞一天钟”，认为只要不贪不腐就是功绩。

（二）不敢为

一是怕担责任，不敢为。干事创业具有风险性，由于我国对于懒政问责尚缺乏量化标准和操作措施，一些官员为了追求安稳着陆、平步青云而选择不承担责任。例如，在上海外滩跨年之夜发生大规模踩踏事件之后，上海豫园为了规避踩踏风险的发生而停止举办作为国家非物质文化遗产的2015年豫园新春民俗艺术灯会，让人民群众大呼失望。显然，加强现场警力支援、秩序疏导才是解决良策。官员为了不出事宁肯不干事，这其实是一种涉嫌“懒政”的思维。二是怕得罪人，不敢为。长期以来，干部选人用人标准倾向于“唯票取人”，由此官场“人缘”成为决定官员命运的重要变量之一，而勤政务实、干事创业者往往敢说敢做，难免得罪人，民意测评的票数不准确。如是选拔的干部往往没有深化改革的魄力，不敢触动既有利益集团。例如，湖南省政协原副主席童名谦就是这样的“老好人”。童名谦对衡阳市选举湖南省人大代表大面积贿选的事实“不听、不管、不查”，他怕得罪各级干部而搞“一团和气”，最终被法院以玩忽职守罪判处有期徒刑5年。

（三）不会为

一是资质平庸，不会为。习近平总书记在会见全国优秀县委书记时提出，官员要做“政治的明白人、发展的开路人、群众的贴心人、班子的带头人”。这为领导干部的自身素质提出了更高的要求。然而，长期以来，干部选拔任用和晋升机制“能上不能下”，致使少数庸官居于高位，出现了人岗不相匹配的情况。例如，广西壮族自治区平果县某局原局长农某自任局长以来未能有效履行工作职责，不主动向分管的县领导汇报工作，工作推进不力，导致全县林下养鸡工作严重滞后。经平果县委常委会决定，调整农某到其他部门工作。二是脱离实际，不会为。紧密联系实际、增强工作的针对性和决策的科学性，也是对为官者必不可少的职业要求。少数官员在岗位上长期不调研、不学习、不进步，严重脱离实际。甚至作出诸如“绿漆刷山、美化环境”等荒唐可笑的“拍脑门”决策。此外，部分官员在实际调研之中也存在形式主义的问题，在调研中满足于听汇报、看材料，蜻蜓点水，将调研作为揣测领导的意图来收集材料的捷径。官员联系实际、增长本领，需要“走出去、沉下去、钻进去”，深入基层察民情、办好事、办实事。

二、“懒政”的危害

（一）降低政府公信力

作为最主要的行政主体，政府公信力通过履行行政主体职责表现出来，反映了人民群众对政府的满意度和信任度。对于公共治理者而言，改革的步伐赶不上时代要求就是失职，工作的成果没达到人民期望就是失败。行政机关不履行职责，群众的呼声就会被搁置、利益就会受损害，自然产生不满情绪甚至抵制行为。一个“在其位不谋其政”的政府，其政务开展要么因群众不配合而被搁置，要么被迫采取脱离群众简单粗暴的替代办法。如此一来，地方政府工作开展阻力重重，陷入了“懒政”的恶性循环。

（二）污染行政文化

行政文化反映行政主体在行政活动中的精神状态，行政价值取向是其核心。当前，我国大力建设法治政府、服务型政府、效能政府，就是要倡导勤政文化。然而，官员慵懒的作风却与这种勤政文化背道而驰。如果等、靠、要与扎实勤勉的官员拥有同样的待遇，“懒政”将极易蔓延，这种“一条臭鱼坏了一锅汤”的现象严重污染了行政文化，产生了“劣币驱逐良币”的逆向选择。

（三）影响法治化建设

当今，我国正处在国家治理模式转型时期，全面推进依法治国、建设社会主义法治国家。建设法治政府正是适应市场经济新形势、转变政府职能的关键一步。政府是行政权力的行使者，“法无授权不可为，法定职责必须为”。然而，“懒政”却使得不作为、乱作为的现象层出不穷，法外设权、法内控权，政府工作很难全面纳入法治轨道，很难为全面深化改革提供有力的法治支撑。

（四）阻碍经济转型

市场经济的健康发展有赖于公平竞争的法治环境，而建立公平竞争的法治环境有赖于高效的执法。发挥市场经济的决定性作用、促进供给侧结构性改革迫切要求政府转变治理方式，这需要政府官员紧跟政策思路：一方面，政府官员要改变以往的不愿为和不敢为，做到“有所为”，如发挥好财政杠杆作用等；另一方面，政府又要摈弃以往的庸官下命令的治理模式，做到“有所不为”，例如不能直接组织融资、操办项目，不应该去指定技术路线等。不作为、胡作非为的“懒政”是地方经济转型的“拦路虎”。

（五）贻误改革时机

尽管“懒政”产生的原因非常复杂并且治理艰难，但是这显然不是官员“懒政”的借口。我国全面深化改革的现状正是治理懒政怠政的历史契机，公职人员应当具有发扬公共精神、促进体制机制变革的历史担当。党和政府应当把治理懒政怠政放到治理腐败的框架中去，在改革和发展中注重对官员思想动态的跟进，逐步转变行政文化，以健全的体制规范出更多勤奋进取、利国利民的好公仆。[①]

---

① 参见刘雨晴：《浅析政府官员“懒政”表现及其危害》，《科教导刊（电子版）》2017 年第 23 期。

典型案例

“懒汉式的官僚主义”催生“双胞胎报道”

在不同时间，市委书记和市长视察了同一个地点。事后，政府官网上公开的两则视察报道，除了日期、领导职务和名字不一样外，其余内容居然一模一样，甚至连标点符号都完全一样，被网友戏称为“双胞胎”。

“双胞胎报道”是如何产生的？一名网友猜测说，有三种可能：第一，两人都视察了，没有任何新内容；第二，确实都视察了，也有不同内容，但编辑偷懒；第三，压根儿就只有一次视察，上面要求写出两次来。不管是哪一种，但有一点可以肯定，两位领导的讲话稿不是自拟的。

异口同声地说一句话不无可能，但异口同声地讲三点，除非照着同样内容的讲话稿。虽然两位领导都能站在同样的领导高度，但“人各有体，体各有心”，所思所想终有不同，即使想到一块儿，语言表达也会有一定差异。

两位领导的讲话稿应该来自同一个地方。我们知道，市委书记和市长的秘书班子是不同的，若是“各自为政”，不会出现“双胞胎”，如果互相“沟通”，也断不会犯这样几乎一字不改就上传官网的低级错误。讲话稿或许是被视察地准备的。

如果真正深入考察，真正深入思考，就会胸有成竹，有自信讲到点子上。如果只是走形式“关心”，走马观花、蜻蜓点水视察，胸中无数，就只好对着稿子当“复读机”。所以，“双胞胎报道”事件看似“下人”之过，实则领导之错。

（资料来源：人民网—中国共产党新闻网 2014 年 8 月 13 日）

案例启示

周恩来同志在《反对官僚主义》一文中曾列举二十种官僚主义，其中第十种是“懒汉式的官僚主义”，“双胞胎”的同一个母体正是她。领导“懒汉式的官僚主义”，上传人员“懒汉式的官僚主义”，官网编辑“懒汉式的官僚主义”，共同催生了“双胞胎报道”。

有的领导出行要人提包，下车要人开车门，喝茶要人端杯，讲话要人写稿，有人戏言这样的领导“生活不能自理”。但这种领导却不以为耻，反以为荣，食髓知味，乐此不疲。这样下去，一旦“保姆”不力，自然要出洋相。

更可怕的是，像“双胞胎报道”事件这样，官僚主义上行下效，“蔚然成风”，必将对干部队伍造成极大损害，对事业造成极大影响。扫除封建残余思想，去除官气，培养优良作风，回归公仆本色，仍然是需要下大决心、下大力气赶紧抓、坚持抓、抓到底的事情。

杜绝懒政，要从抓思想道德教育和建立监督机制等方面着手。

杜绝懒政，真正做到心系人民并不是短时期内能够实现的，需要通过一系列的举措才能达到可观的效果。不仅要在思想上提高政府工作人员的素质，同时还要通过一系列的考核办法及内外部监督机制有效减少懒政现象。

要加强思想道德教育，引导政府工作人员培养担当精神，做到心系人民。加强党员干部的服务意识，使其时刻谨记自己是一名国家公职人员。身为人民公仆的国家工作人员，必须坚持“在其位，谋其政”，想方设法解决百姓诉求。第一时间褒扬敢于担当、踏实肯干的干部，鞭挞懒政的干部，以舆论的力量减少政府工作人员的懒政行为。

要做好选人用人工作，坚持为官有为。加快建立健全考核机制和相应的考核办法，以适应新形势下政府考核工作要求。以相应的奖惩督促政府工作人员提高工作效率，使考核成为奖励先进、鞭策落后的有效手段。建立健全干部退出机制，及时撤换那些思想懈怠、能力不足的官员。

要强化内外部监督机制，杜绝为官不为。在内部监督中充分落实党委的主体责任和纪委的监督责任，对不作为的政府工作人员及时问责，并及时给予相应的惩戒。采用“政府工作群众满意度调查”等方式，让公众对政府各部门的服务态度和服务质量进行有效评价，并将其纳入绩效考核范围。利用互联网等媒体的力量加强外部监督，拓宽公众监督渠道，及时回应群众的揭发检举，核实有效检举，惩处懒政官员，让懒政庸官时刻处于恐惧之中。

探索懒政干部“回炉班”新模式。“回炉班”可以分为三个阶段：第一阶段，相关主要领导面对面深入剖析“回炉”干部存在的问题，“回炉”干部通过批评与自我批评，发现自身存在的问题；第二阶段，通过半军事化的管理，组织“回炉”干部学习先进典型，激发其知耻后勇之心，逐步使其树立政治意识、大局意识、核心意识、看齐意识；第三阶段，通过德、勤、廉、技四个方面考试，考核“回炉”干部的学习成果。对于一些连续两次参加“回炉班”的干部，不仅要降级降档，还要给予警告以上的党纪处分，激发干部工作内生动力。

只有一方面加强政府工作人员的思想道德建设，另一方面做好外部鞭策，以相应的奖惩来督促政府工作人员提高工作效率，才能有效杜绝懒政行为。让广大干部真正做到勤政为民、心系人民。

深度思考

1. 常见的“懒汉式的官僚主义”有哪些表现？

2. “懒汉式的官僚主义”易发生在什么单位、什么群体？

3. 杜绝“懒汉式的官僚主义”的措施有哪些？

第十一种　人浮于事

很多单位严重超编，人浮于事，不但是一个一直没能解决的问题，而且有“越精简越臃肿”之说。“吃空饷”问题长期存在，成了顽症，根本原因是人浮于事，出现了部分人不上班照常拿工资的怪事。习近平同志曾说：“我们要办的事情很多，要为改革开放提供一个良好的环境，这就需要提供一种满负荷的精神，反对拖拉扯皮和人浮于事，提高办事效率，做到今日事今日毕。”

经典论述

具体措施是一手继续抓千家万户脱贫，一手抓乡镇企业，壮大乡村两级集体经济实力，同时抓好十个亿元乡镇的示范建设。路子明确了，下一步的关键在于反对那种田园牧歌式的情调和人浮于事、松垮散漫的习气，提倡满负荷和紧张高效的工作节奏，今日事今日毕。我主张敢为天下先，敢于冒一定的风险，不吃别人嚼过的馍，树立起“不耻落后，意气奋发，放胆开拓，争先创优”的闽东风格。

——习近平：《为官一场 造福一方》（1989 年 1 月），《摆脱贫困》，福建人民出版社 1992 年版，第 78 页。

党风问题关系执政党的生死存亡。弘扬党的光荣传统和优良作风，促进党员干部特别是领导干部带头深入调查研究，扑下身子干实事、谋实招、求实效。

——习近平：《高举中国特色社会主义伟大旗帜 为全面建设社会主义现代化国家而团结奋斗——在中国共产党第二十次全国代表大会上的报告》（2022 年 10 月 16 日），人民出版社 2022 年版，第 68 页。

“帕金森定律”（Parkinson's Law）是官僚主义或官僚主义现象的一种别称，被称为“20世纪西方文化三大发现之一”，也可称之为“官场病”、“组织麻痹病”或者“大企业病”，源于英国著名历史学家诺斯古德·帕金森1958年出版的《帕金森定律》一书的标题。“帕金森定律”常常被人们使用，用来解释官场上形形色色的现象。帕金森在书中阐述了机构人员膨胀的原因及后果：一个不称职的官员，可能有三条出路：第一是申请退职，把位子让给能干的人；第二是让一位能干的人来协助自己工作；第三是任用两个水平比自己更低的人当助手。这第一条路是万万走不得的，因为那样会丧失许多权力；第二条路也不能走，因为那个能干的人会成为自己的对手；看来只有第三条路最适宜。于是，两个平庸的助手分担了他的工作，他则高高在上发号施令，助手不会对他的权力构成威胁。两个助手既然无能，就上行下效，再为自己找两个更加无能的助手。如此类推，就形成了一个机构臃肿、人浮于事、相互扯皮、效率低下的领导体系。帕金森得出结论：在行政管理中，行政机构会像金字塔一样不断增多，行政人员会不断膨胀，每个人都很忙，但组织效率越来越低下。这条定律又被称为“金字塔上升”现象。

一、“三问”基层政府人浮于事现象

为全面掌握全县贯彻落实中央八项规定的情况，发现“四风”及机关效能建设方面存在的问题，2013年9月4日起，赣县纪委监察局组成4个暗访组对全县19个乡镇及县直（驻县）各单位进行了明察暗访。暗访组深入到各乡镇、各部门办公场所和城乡各酒店餐馆、娱乐场所进行摸排、调查取证，发现3个乡镇5个部门的19名干部存在一些违反机关效能建设规定的现象，主要表现为缺岗、迟到、上班玩游戏、听歌、看视频等。对此，县纪委监察局下发通报，要求各单位逐个整改，对一些单位的具体工作人员进行了诫勉谈话和问责。

就“江西赣县19名干部因上班玩游戏、听歌等被通报”这一事件，北京大学廉政建设研究中心副主任庄德水在接受《中国青年报》记者采访时表示：“现在基层政府有一种很不正常的现象，有编制的人不好好干活，却聘用一些临时工冲在一线，这样就必然会产生人浮于事的现象。”从反腐败斗争工作的角度来说，确实应针对“四风”问题抓一些反面典型予以严惩，以起警示作用。但“暗访”不能解决根本问题，针对基层政府人浮于事现象，应该要有“三问”。

（一）“问”本人，驱逐在其位不谋其政者

这种人只享受其职位待遇，而不履行其职责，严重缺乏责任心，不但延误群众致富步伐，耽搁社会发展进程，更损害了党和政府的威信和形象。群众对这种“蛀虫”深恶痛绝，政府应努力营造能者大有作为、“闲人”自危的氛围，把那些缺乏责任心、作风漂浮、只说不干混日子的人驱逐出机关单位。

（二）“问”领导，追究监管不力者

人浮于事现象，可谓“冰冻三尺，非一日之寒”。为何会长期存在人浮于事现象？此问题虽不能三言两语说明白，但其中奥妙恐怕大家心里都明镜一样。杜绝人浮于事现象，除了要给予混日子之人应有的处罚，还应对领导进行追责。如果领导能够增强责任心，严守机关纪律，人浮于事现象一定会得到有效遏制。

（三）“问”制度，建立问责制度

邓小平同志说过：“制度好可以使坏人无法任意横行，制度不好可以使好人无法充分做好事，甚至会走向反面。”消除基层机关单位人浮于事现象，不仅要强化履责尽责，更需建立健全问责制度。推行问责制度，对于构建权责一致的责任政府、依法行政的法治政府、廉洁行政的高效政府，增强群众向心力和政府公信力，规范行政机关人员从政行为，强化行政机关人员责任意识，都将发挥极为重要的作用。

通过完善的问责制度、有力的外部监督，遏制基层政府人浮于事现象，使机关干部在其位，谋其政，尽其责，努力避免因失察、失职或渎职而受处分，甚至承担法律后果。“当官不为民做主，不如回家卖红薯”，机关干部要切记：勤政为民是为官之要，是党员干部立身之本。

二、“带甲归田”根在人浮于事

一则“湖南省永州市零陵区畜牧水产局副主任科员黄庆玖因升职无望带职种田”的新闻，日前被国内多家媒体转载，在网上引发热议。黄庆玖被看作一个不恋官场、回归农田的非典型基层官员。占着行政单位编制、拿着纳税人供养薪酬的国家公务员，却忙于从事第二职业“挣外快”，这种“不务正业”行为的确有悖《中华人民共和国公务员法》的相关规定。尽管我们可以从“国家禁止公务员经商办企业”的角度对此质疑，但民众的关注点却在导致其“带甲归田”背后的制度性诱因，即官位虚置、人浮于事。

从黄庆玖“零陵区畜牧水产局副主任科员”的身份看，这就是一个享受副科级实职同等待遇却无明确职责的“非领导职务”，这其实也是许多地方政府出于照顾安置基层官员的通行做法。而其“协助副局长工作”的分工和“未挂科室门牌”的办公室设置，更是印证了他虚职闲差的职位属性。这也迎合了在基层乡镇历经打拼、升职无望的公务员的普遍心态：“能谋得城里的清闲职位，是求之不得的事。”由是观之，导致黄庆玖“带甲归田”的，并不只缘于其不务正业的不作为表现，更在于职责模糊、人浮于事的体制弊端。事实上，人满为患、无所事事、效率低下，早已是备受诟病的行政痼疾，也是各级政府致力于解决却难以奏效的改革难点。透过黄庆玖“打扫卫生、清倒垃圾”、“办公桌上过期的报纸和《读者》杂志”和“今天开会”等“办公”轨迹，人们不难窥测某些公务员百无聊赖、自在悠闲的工作状态。难怪黄庆玖会为“自己更多的时间是在办公室，没花在种田上”鸣冤辩解。

人们不禁要问，一个副科级干部尚且如此，更遑论那些无职无名的普通公务员？即便是让黄庆玖“弃田还‘公’”，缺乏具体分工和具体考核内容的虚职，又能让他有何作为呢？其实，坦白地讲，与那些工作期间搓麻瞌睡、炒股聊天、上街闲逛的相比，黄庆玖的“带甲归田”还算干了点“正事儿”。毕竟是开发和利用了荒芜土地，并带动和助推了土地流转。而更具讽刺意味的是，黄庆玖的“带甲归田”，曾被当作“不恋官场、回归农田”的正面典型，并着实风光了一时。

据统计，我国公务员队伍中90%是科以下干部，而其中60%是在县以下机关工作。反思“带甲归田”，病在不务正业，根在制度沉疴，是机构臃肿、职位虚置、竞争缺失、活力凝滞的行政体制，养活甚至纵容了懒人、闲人、庸人。故此，如何唤起庞大的基层公务员队伍的进取心、责任感、创造力，应是政府行政体制改革的当务之急，也是遏制“带甲归田”“谋钱途”怪象的治本之策。

典型案例

副职扎堆

2011 年，有网友曝出福建省龙岩市政府办公室一个秘书长手下有 18 个副职，其中副秘书长就有 13 个。该网帖被各大论坛转载，迅速成为网络热点。中央党校一位教授就此表示，这是非常荒唐的事。

“一正十三副”，这还不算太荒唐，早在 2008 年，辽宁省铁岭市就被曝出有 9 个副市长、20 个政府副秘书长，铁岭市委宣传部工作人员回应称，每个城市都有不同的情况，铁岭市每个副市长都有不同分工。但说归说，这样的新闻终究不是“正面报道”，随后，“政府机构”页面中，20 个副秘书长的名单被撤下。

人们不知道龙岩市的副秘书长是否必须配备 13 个，当地宣传部的解释是：市政府办公室的确设立了 18 个副职，其中有副秘书长 13 个。这 13 个副秘书长专职的只有 7 个，其余的都是因为工作需要挂职的副秘书长。言下之意是这配备 13 个副秘书长都是出于“工作需要”，6 个并不是真正的“副秘书长”。就像当初铁岭市官方回应的那样，都是有不同的分工，既然是工作需要，别说配备 13 个副秘书长，即使配备 130 个也是有道理的，不过到底是出于什么工作需要，就很值得品味。

每增加一个副职，必须设置配套的下属机构和人员，政府官员必然增加；同时，每个部门都会考虑增加本部门的人数以期提高自身权力势力。在这种明争暗斗的权力博弈中，政府机构就像滚雪球一样越来越臃肿。

（资料来源：央广网 2011 年 2 月 16 日）

案例启示

从副职扎堆现象可以看出，官场冗员臃肿暴露无遗。机构改革停留于口号，与行政体制改革背道而驰，更是超越了人们对现代政府治理的正常想象。其实，与副职扎堆类似，被问责、辞职的官员在模糊的程序下也大都出现蹊跷复出的情形。从中可以看出，地方政治，特别是人事决定权，事实上已经成为一小撮人的私权。原因很简单：首先，各级官员、上下级之间形成了稳定的利益、荣辱关系，不给予官职无法保证地方政治稳定；其次，公务员退出机制至今没有建立，官员能进不能退，副职多不可能因为报道而真正减少，就算因为报道不再做副职了，官职没有了，但依旧不是百姓而是官，顶戴还在，并随时准备复出。各地频繁曝出的副职扎堆、火速复出，都表明地方官员完全挟持了地方权力，将其作为个人意志。

政府机构的设置和官员的数量构成是出于公共利益和公共服务的目的，其存在的唯一目的就是处理公共事务、向社会提供公共服务。政府官员不是公民的父母官，他们是公民的“仆人”，公民纳税以供其运作，公民是政府机构的“奶娘”。臃肿的政府机构会增加政府的“行政内耗”，增加公民的“供养”负担。勾心斗角、人浮于事、互相推诿的政府机构是不能向社会提供高质量的公共服务的。这样的政府不仅不能改善民生，而且危害重重。

首先，直接加重社会负担。一是增加了纳税人的负担。这么多人被安排到副职岗位，自然都得享受相应的“待遇”。二是增加了基层的负担，副职越多，下基层检查指导工作的频率就越高，势必会增加基层接待的人力、财力负担。其次，大大降低工作效率。因人设事的结果，必然是看上去大家都有事做，都要负责任，实际上都无所事事，遇事都可以推卸责任。领导层副职扎堆，中层可能也好不到哪里去。机构臃肿、人浮于事，哪有什么工作效率可言？再次，影响班子内部团结。由于分工过细，各人分管的工作难免会有交叉，这就容易造成班子成员之间明争暗斗搞内耗，降低决策效率。如郸城县直某单位有领导班子成员十余人，开会时因主席台位置有限，领导的座位牌没有全部摆上，结果引起某领导不满，当场拂袖而去，大家不欢而散，这就是一个极好的例证。最后，滋生群众不满情绪。台上局长几排坐，台下科长坐满堂，吃喝时浩浩荡荡，办事的寥寥无几，这样的政府机关，这样的官员作风，当然会让群众不满和反感，更谈不上好口碑、好形象。

为什么机构膨胀现象在一些地方屡禁不止？如何破解？英国历史学家帕金森曾通过对 1914 年至 1928 年英国海军部的对比，发现了一个奇怪的现象：14 年中，英国海军舰艇数量缩减了 2/3，海军兵员由 14.6 万人减到 10 万人，海军部的官员却由 2000 人增长到 3569 人，暴增了 78%。为此帕金森提出了这样一个“帕金森定律”：老于为官之道的官僚，其基本的“为官之道”有两条：一是要尽量增加下属，不要增加敌人；二是官僚之间会互相增加工作以凸显自己的忙碌及重要性。“帕金森定律”深刻阐释了政府膨胀的秘密，即不断地增加下属，以分解责任，凸显自身的权威，显示所属部门的重要性，这样就形成了一个机构臃肿、人浮于事、相互扯皮、效率低下的组织体系，最终令政府财政不堪重负。

中国的“官民比”虽然一直缺乏权威的研究数据，但“厅级干部一走廊，处级干部两礼堂，科级干部一操场”的民间顺口溜，正是对“官多臃肿”的反讽。媒体经常报道，一些地方和部门的公务员上班无所事事，上网、打牌、炒股、看电影等。除此之外，从每年不断攀升的政府行政开支中，人们也不难看出政府机构超编、人员膨胀的苗头。精简机构、提高政府工作效率，显然已经刻不容缓了。要摆脱机构改革中可能出现的膨胀怪圈，一是要管住人，二是要管住钱。组织部门要在制度和纪律上扎紧违规进人、违规增编的口袋，坚决纠正超编进人、超职数配备领导干部的情况，建立公务员正常退出机制。同时，各级人大还要严把财政预算关，对于超编人员不予核拨经费，严格公务员工资发放制度。

深度思考

1. 造成政府机构臃肿的原因有哪些?
2. 根治政府机构人浮于事的措施有哪些?
3. 我国机构改革史上关于精简机构有哪些经验和教训?

第十二种　文牍主义

周恩来同志曾为文牍主义画过像："指示多，不看；报告多，不批；表报多，不用；会议多，不传；来往多，不谈"。邓小平同志也曾指出："不少机关的负责同志，把自己的绝大部分时间，用在处理文电和不必要的过多的开会上面，很少深入基层，深入群众，了解他们的要求和研究他们的经验，这就不可避免地陷入了事务主义和文牍主义的泥坑。"这样的文牍主义，就是典型的不干实事、不求实效，除了造成机构空转、资源空耗，没有任何好处。

经典论述

不根据实际情况进行讨论和审察，一味盲目执行，这种单纯建立在“上级”观念上的形式主义的态度是很不对的。为什么党的策略路线总是不能深入群众，就是这种形式主义在那里作怪。

——毛泽东：《反对本本主义》（1930 年 5 月），《毛泽东选集》第一卷，人民出版社 1991 年版，第 111 页。

我们要实现好、维护好、发展好最广大人民根本利益，紧紧抓住人民最关心最直接最现实的利益问题，坚持尽力而为、量力而行，深入群众、深入基层，采取更多惠民生、暖民心举措，着力解决好人民群众急难愁盼问题，健全基本公共服务体系，提高公共服务水平，增强均衡性和可及性，扎实推进共同富裕。

——习近平：《高举中国特色社会主义伟大旗帜　为全面建设社会主义现代化国家而团结奋斗——在中国共产党第二十次全国代表大会上的报告》（2022 年 10 月 16 日），人民出版社 2022 年版，第 46 页。

文牍主义是官僚主义的一种表现，就是指满足于坐机关批阅公文、依靠文书表格指导工作，唯繁琐、因循的程式化、形式化文书、表格为上，不务实际、不求实效的领导作风。其特点是不深入基层、不调查研究、脱离实际、不负责任、凭主观想象，滥发文件，互相扯皮，搞公文旅行，把生动活泼的工作淹没在文山会海之中。

自贯彻落实中央八项规定精神以来，文牍歪风得到有效整治。但客观地讲，文牍主义流弊，在现实工作中仍有市场，虽是极少数，但影响很坏。其主要表现是：有的热衷于定制度、定方案，大搞“形象工程”；有的工作围着材料转、材料围着会议转，责任书、责任状满天飞；有的考核检查组不深入群众，以会议纪要、工作总结为唯一考核标准，导致基层连夜补会议纪要成为应付考核的“灵丹妙药”；有的工作刚安排部署下去，就着手起草经验材料……这样的文牍主义，就是典型的不干实事、不求实效，除了造成机构空转、资源空耗、人力浪费，没有任何好处。

党的十八大以来，习近平总书记就加强党的作风建设，力戒形式主义、官僚主义作出一系列重要指示。习近平总书记强调，在“不忘初心、牢记使命”主题教育中，要力戒形式主义，以好的作风确保好的效果。2018 年年底，习近平总书记在一份材料上作出重要批示，强调 2019 年要解决一些困扰基层的形式主义问题，切实为基层减负。为贯彻落实习近平总书记重要指示批示精神，更好为基层干部松绑减负，激励广大干部担当作为、不懈奋斗，经中央领导同志同意，决定将 2019 年作为“基层减负年”，为此，中共中央办公厅印发了《关于解决形式主义突出问题为基层减负的通知》（以下简称《通知》）。

一、力戒形式主义、官僚主义，为基层减负

《通知》深入贯彻落实习近平总书记关于加强作风建设，力戒形式主义、官僚主义的一系列重要讲话和指示批示精神，回应广大基层干部的关切，明确提出将2019年作为“基层减负年”，具有重大意义。

习近平总书记在2019年新年贺词中提出，“要倾听基层干部心声”。对基层面临的形式主义困扰，习近平总书记见微知著、明察秋毫，时时牵挂于心。习近平总书记指出，“上面千条线，下面一根针”，很多形式主义问题，占用基层干部大量时间、耗费大量精力，这种状况必须改变！要把干部从一些无谓的事务中解脱出来，从提供材料的忙乱中解放出来。《通知》蕴含了习近平总书记对基层干部的深切关爱和为基层减负的明确要求。同时，《通知》体现了以习近平同志为核心的党中央坚定不移全面从严治党、持之以恒狠抓作风建设的坚定决心。进入新时代，面临新形势新任务新要求，习近平总书记敏锐察觉到形式主义、官僚主义是当前党内存在的突出矛盾和问题，是我们党的大敌、人民的大敌，必须坚决予以克服。在2018年年底召开的十九届中央政治局民主生活会上，习近平总书记指出，要聚焦突出问题、紧盯关键节点，下大气力解决“四风”问题，不能虎头蛇尾，不能搞成“半拉子工程”，更不能搞形式走过场。在2019年年初召开的十九届中央纪委三次全会上，习近平总书记强调，要把力戒形式主义、官僚主义作为重要任务，拿出有效管用的整治措施。破除形式主义、为基层减负，是党中央关注的重要议题，也是长期以来广大干部的心声和期盼。《通知》围绕为基层减负，聚焦“四个着力”，从以党的政治建设为统领加强思想教育、整治文山会海、改变督查检查考核过多过频过度留痕现象、完善问责制度和激励关怀机制等方面，提出了一些务实管用的举措。

二、以党的政治建设为统领加强思想教育，着力解决党性不纯、政绩观错位的问题

习近平总书记一针见血地指出，要针对表态多调门高、行动少落实差等突出问题，拿出过硬措施，扎扎实实地改。《通知》彰显了同形式主义、官僚主义作坚决斗争，树牢“四个意识”、做到“两个维护”的坚定意志和行动自觉。

一是坚持用习近平新时代中国特色社会主义思想武装头脑，在深化消化转化上下功夫，把理论学习的成效体现到增强党性修养、提高工作能力、改进工作作风、推动党的事业发展上。

二是将力戒形式主义、官僚主义作为全党开展的“不忘初心、牢记使命”主题教育重要内容，教育引导党员干部牢记党的宗旨，坚持实事求是的思想路线，树立正确政绩观，把对上负责与对下负责统一起来。

三是从领导机关首先是中央和国家机关做起，开展作风建设专项整治行动，发扬斗争精神，对困扰基层的形式主义问题进行大排查，着重从思想观念、工作作风和领导方法上找根源、抓整改。

四是严明政治纪律和政治规矩，认真吸取秦岭北麓西安境内违建别墅问题的深刻教训，坚决防止和纠正落实党中央决策部署不用心、不务实、不尽力，口号喊得震天响、行动起来轻飘飘的问题，真正把树牢“四个意识”、做到“两个维护”的要求落到实处。

三、严格控制层层发文、层层开会，着力解决文山会海反弹回潮的问题，反对文牍主义

开会、发文是我们党作决策、抓落实的重要方法，但是目前文山会海反弹回潮的问题比较突出，《通知》在这方面定了一些硬杠杠。

*第一，层层大幅度精简文件和会议。*明确发给县级以下的文件、召

开的会议减少30%—50%。首先从中央层面做起，省市两级都要大幅度精简。《通知》指出："认真贯彻落实中央八项规定及其实施细则精神，从中央层面做起，层层大幅度精简文件和会议，确保发给县级以下的文件、召开的会议减少30%—50%。"

第二，明确中央印发的政策性文件原则上不超过10页，地方和部门也要按此从严掌握。作出量化规定，目的是倒逼改进文风、提高文件质量。具体内容为："发扬'短实新'文风，坚决压缩篇幅，防止穿靴戴帽、冗长空洞，中央印发的政策性文件原则上不超过10页，地方和部门也要按此从严掌握。"

第三，提出地方各级、基层单位贯彻落实中央和上级文件，可结合实际制定务实管用的举措，除有明确规定外，不再制定贯彻落实意见和实施细则。《通知》指出："地方各级、基层单位贯彻落实中央和上级文件，可结合实际制定务实管用的举措，除有明确规定外，不再制定贯彻落实意见和实施细则。科学确定中央文件密级和印发范围，能公开的公开。"这一规定，是为了解决照抄照搬上级文件、层层发文的问题。

第四，强调少开会、开短会，开管用的会，对防止层层开会作出规定。针对一些地方和部门传达学习上级精神照本宣科、泛泛表态、刻意搞传达不过夜这些问题，提出了"三个不搞"的禁止性要求。《通知》指出："少开会、开短会，开管用的会。上级会议原则上只开到下一级，经批准直接开到县级的会议，不再层层开会。严禁随意拔高会议规格、扩大会议规模，未经批准不得要求党委和政府主要负责同志以及部门一把手参会，减少陪会。提倡合并开会、套开会议，多采用电视电话、网络视频会议等形式。提高会议实效，不搞照本宣科，不搞泛泛表态，不刻意搞传达不过夜，坚决防止同一事项议而不决、反复开会。进一步改革会议公文制度，选择一些地方和单位开展治理文山会海工作试点。"

四、加强计划管理和监督实施，着力解决督查检查考核过多过频、过度留痕的问题

第一，抓好《中共中央办公厅关于统筹规范督查检查考核工作的通知》（以下简称《通知》）贯彻落实。中央办公厅发出《通知》后，各地区各部门按要求进行专项清理，中央和国家机关有关部门督查检查考核事项从900项精简至159项，清理率达82.33%，各省区市从12771项精简至3493项，清理率达72.65%，下一步还要加强计划管理，严格控制总量。《通知》指出："抓好《中共中央办公厅关于统筹规范督查检查考核工作的通知》贯彻落实，严格控制总量，实行年度计划和审批报备制度，中央和国家机关有关部门原则上每年搞1次综合性督查检查考核，对县乡村和厂矿企业学校的督查检查考核事项减少50%以上的目标要确保执行到位。"

第二，着力解决过度留痕的问题。《通知》明确提出：一是强化结果导向。考核评价一个地方和单位的工作，关键看有没有解决实际问题、群众的评价怎么样，而不是唯台账是举、以材料论英雄。《通知》具体内容为："强化结果导向，考核评价一个地方和单位的工作，关键看有没有解决实际问题、群众的评价怎么样。"二是坚决纠正机械式做法。现在基层干部反映有几个突出问题，比如本本多了、台账资料多了、微信工作群和公众号多了，有的乡镇干部手机上扶贫、党建、目标考核等各种微信群、APP、公众号有30多个。对此，《通知》明确规定"三个不得"，着力解决重"痕"不重"绩"、留"迹"不留"心"现象。《通知》指出："坚决纠正机械式做法，不得随意要求基层填表报数、层层报材料，不得简单将有没有领导批示、开会发文、台账记录、工作笔记等作为工作是否落实的标准，不得以微信工作群、政务APP上传工作场景截图或录制视频来代替对实际工作评价。"三是针对有的地方和部门搞"责任

甩锅”，把问责作为推卸责任的“挡箭牌”，要求严格控制“一票否决”事项，不能动辄签“责任状”。《通知》指出：“严格控制‘一票否决’事项，不能动辄签‘责任状’，变相向地方和基层推卸责任。”

《通知》还要求对涉及城市评选评比表彰的各类创建活动进行集中清理，优化改进各种督查检查考核和调研活动，不干扰基层正常工作。《通知》指出：“对涉及城市评选评比表彰的各类创建活动进行集中清理，该撤销的撤销，该合并的合并。对巡视巡察、环保督察、脱贫攻坚督查考核、政府大督查、党建考核等，牵头部门也要倾听基层意见进行完善，提出优化改进措施。调查研究、执法检查等要轻车简从、务求实效，不干扰基层正常工作。”

五、完善问责制度和激励关怀机制，着力解决干部不敢担当作为的问题

《通知》坚持严管和厚爱结合，对解决形式主义突出问题为基层减负作出进一步部署，有利于更好激励广大干部崇尚实干、担当作为，把更多精力用在打好三大攻坚战、推动高质量发展上来。

《通知》指出：“坚持严管和厚爱结合，实事求是、依规依纪依法严肃问责、规范问责、精准问责、慎重问责，真正起到问责一个、警醒一片的效果。有效解决问责不力和问责泛化简单化等问题。正确对待被问责的干部，对影响期满、表现好的干部，符合有关条件的，该使用的要使用。制定纪检监察机关处理检举控告工作规则，保障党员权利，及时为干部澄清正名，严肃查处诬告陷害行为。改进谈话和函询工作方法，有效减轻干部不必要的心理负担。”同时要求把“三个区分开来”的要求具体化，“三个区分开来”就是：“宽容干部在改革创新中的失误错误，把干部在推进改革中因缺乏经验、先行先试出现的失误错误，同明知故

犯的违纪违法行为区分开来；把尚无明确限制的探索性试验中的失误错误，同明令禁止后依然我行我素的违纪违法行为区分开来；把为推动发展的无意过失，同为谋取私利的违纪违法行为区分开来。”这就要求建立健全容错纠错机制，正确把握干部在工作中出现失误错误的性质和影响，切实保护干部干事创业的积极性，为担当者担当，为负责者负责。同时，要对基层干部特别是困难艰苦地区和奋战在脱贫攻坚第一线的干部，给予更多理解和支持，在政策、待遇等方面给予倾斜。

《通知》的贯彻落实，关键在各级党委（党组）认真履行主体责任，把本地区本部门本单位摆进去，把工作抓具体抓深入，让基层干部群众有实实在在的获得感，尤其要坚决防止用形式主义的做法来解决形式主义问题。《通知》明确要求，从领导机关首先是中央和国家机关做起，开展作风建设专项整治行动，对困扰基层的形式主义问题进行大排查，着重从思想观念、工作作风和领导方法上找根源、抓整改。各地区各部门党委（党组）书记负总责，拿出切实管用的措施，同形式主义、官僚主义作坚决斗争。《通知》还对抓落实的工作机制作出安排，提出在党中央集中统一领导下，建立由中央办公厅牵头的专项工作机制。各地区党委办公厅要在党委领导下，负起协调推进落实责任。①

① 参见《把干部从一些无谓的事务中解脱出来——中央办公厅有关负责人就〈关于解决形式主义突出问题为基层减负的通知〉答记者问》，《人民日报》2019年3月12日。

典型案例

作风漂浮、敷衍塞责、贯彻落实不力

2018年9月，塔什库尔干县塔合曼乡发生民政干事截留挪用该乡4个行政村592户2167人低保资金案。该民政干事受到开除公职处分，其涉嫌违法犯罪问题移送司法机关依法处理。麦麦提伊敏·塔伊尔作为时任县纪委书记，虽多次派出工作组对该乡开展监督检查，但监督检查走过场、做虚功，对应该发现的问题未及时发现；落实扶贫领域专项治理措施搞棚架，部分乡镇纪委扶贫领域问题线索“零报告”；对上级反馈的塔合曼乡存在村干部违规享受低保问题重视不够，组织调查核实不全面，整改不认真，消极应付。毛主虎作为县委组织部部长，2017年4月至今分管民政工作，履行“一岗双责”不到位，以会议贯彻会议、以文件落实文件，做表面文章，表态多调门高，案发前没有在所分管的民政系统安排扶贫领域腐败和作风问题专项治理相关工作，对低保资金发放情况不过问、不监管。蒲晓军、苏来曼·先比作为时任塔合曼乡党委书记、乡长，履行主体责任不力，对干部的教育监督管理缺失，特别是2018年4月以来，在分管副职多次报告部分惠农资金存在安全风险的情况下，仍未引起高度警觉，回避职责范围内的问题和矛盾，工作不作为、慢作为。对上述问题，麦麦提伊敏·塔伊尔、毛主虎负有重要领导责任；蒲晓军、苏来曼·先比负有主要领导责任。2018年9月，麦麦提伊敏·塔伊尔、毛主虎分别受到党内警告处分；蒲晓军、苏来曼·先比分别受到党内严重警告处分。

（资料来源：中央纪委国家监委网2018年12月20日）

案例启示

以上案例属于扶贫领域形式主义、官僚主义典型案例。部分党员干部履职不力、工作失职失责，作风漂浮、敷衍塞责、贯彻落实不力，这些形式主义、官僚主义问题性质恶劣，群众反映强烈，严重啃食群众获得感，必须严肃查处，广大党员干部务必引以为戒、吸取教训。

《关于新形势下党内政治生活的若干准则》指出，领导干部特别是高级干部要以身作则，反对文山会海、贪图虚名、弄虚作假等问题。我们必须脱离文牍主义的窠臼，严惩文牍主义之行，制定文牍工作规范，完善文牍处理办法，才能营造干事创业的良好政治风气。

各级党组织要进一步提高政治站位和政治觉悟，把思想和行动统一到党中央关于作风建设的要求上来，不断增强使命感、责任感，把集中整治形式主义、官僚主义作为一项重大政治任务，摆在突出重要位置，久久为功，切实抓紧抓好、抓出成效。要全面履行脱贫攻坚主体责任，针对存在的形式主义、官僚主义突出问题、具体表现，制定提出见人见事的问题清单，有措施、有标准、有时限的整改清单。

各级纪检监察机关要把监督作为第一职责，认真履行监督责任，通过巡视巡察、群众工作督导，聚焦矛盾多、问题突出的地方，聚焦职能部门、窗口单位，聚焦与群众联系紧密、权力集中的基层岗位和人员，认真查找“执行脱贫攻坚政策变形走样，打折扣、作选择、搞变通”，“不担当、不作为、乱作为，上推下卸、慵懒怠政”，“漠视群众利益和疾苦，推诿扯皮、消极应付”等扶贫领域形式主义、官僚主义突出问题。要进一步拓宽监督举报渠道，充分发挥广大干部群众、媒体舆论监督作用，深挖重大事件事故背后存在的形式主义、官僚主义问题；要把严重影响党中央脱贫攻坚决策部署贯彻落实和群众反映强烈的扶贫领域形式主义、官僚主义问题作为执纪问责的重点，严查严处；在查处扶贫领域领导干部严重违纪违法案件时，既要查清腐败问题，又要审查其形式主义、官僚主义问题；要完善问题线索管理机制，对搞数字整改、台账整改、假整改的，严肃处理。对扶贫领域整治形式主义、官僚主义工作不力，“走过场”“做虚功”“假把式”等以形式主义、官僚主义整治形式主义、官僚主义的坚决纠治；对造成不良后果的严肃问责追责，为打赢脱贫攻坚战提供坚强纪律和作风保障。

深度思考

1. 文牍主义产生的土壤是什么？
2. 为什么文牍主义屡禁不止？
3. 杜绝文牍主义的制度措施有哪些？

第十三种　特殊化

习近平总书记在焦裕禄干部学院吃的是大锅菜，四菜一汤，住的是普通学员宿舍，离开时按照标准，交纳了食宿费。习近平总书记以身作则，践行着艰苦朴素、廉洁奉公、“任何时候都不搞特殊化”的道德情操。党员干部要树立正确的权力观，正确履行人民赋予的权力。每个党员干部要时刻牢记党的宗旨，深入实际、深入基层、深入群众，多到条件艰苦、情况复杂、矛盾突出的地方解决问题，把手中的权力看作为人民服务的一种条件和责任，正确行使权力，秉公办事，恪尽职守，为人民掌好权、用好权，不搞特殊化，全心全意为人民服务，千方百计为群众排忧解难。

经典论述

要求全党做到的，中央政治局的同志首先要做到。要提高廉洁自律意识，在依法用权、正确用权、干净用权中保持廉洁，在守纪律、讲规矩、重名节中做到自律。中央政治局的同志要抵制特权思想，不搞特殊化，加强对亲属子女和身边工作人员的教育管理。

——习近平：《牢固树立“四个意识”，维护党中央权威》（2016年12月26日—27日），《习近平谈治国理政》第二卷，外文出版社2017年版，第191页。

全党同志要时刻牢记，我们的权力是党和人民赋予的，是用来为党和人民做事的，只能用来为党分忧、为国干事、为民谋利。要心有所畏、言有所戒、行有所止，任何时候都不搞特权，不以权谋私，做到忠诚干净担当。

——习近平：《在纪念刘少奇同志诞辰120周年座谈会上的讲话》（2018年11月23日），《人民日报》2018年11月24日。

延安时期，党提出全心全意为人民服务的根本宗旨并写入党章，强调共产党“这个队伍完全是为着解放人民的，是彻底地为人民的利益工作的”，要求党的干部“把屁股端端地坐在老百姓的这一面”，形成了“只见公仆不见官”的生动局面。

——《习近平在瞻仰延安革命纪念地时强调　弘扬伟大建党精神和延安精神　为实现党的二十大提出的目标任务而团结奋斗》，《人民日报》2022年10月28日。

不搞特殊化，是我们党对领导干部的一贯要求，各级领导干部都是人民的公仆，只有勤勤恳恳为人民服务的义务，没有在政治上、生活上搞特殊化的权利。毛泽东同志在倡导全体党员和各级干部必须坚持勤俭建国方针的同时，还严格要求自己的亲友。他时常收到家乡亲友的一些来信，有的是要求安排工作的，有的是要求到北京学习的，他都一概婉言回绝。毛泽东夫人杨开慧之兄杨开智写信要求到北京工作，毛泽东同志复信说："希望你在湘听候中共湖南省委分配合乎你能力的工作，不要有任何奢望，不要来京。湖南省委派你什么工作就做什么工作，一切按正常规矩办理，不要使政府为难。"毛泽东同志本人也始终过着简朴的生活，从不搞特殊化。一件白色长睡衣穿了 20 年，里里外外打了 73 个补丁。

一、反对特殊化官僚主义：一人得道，鸡犬升天

1963 年，周恩来同志在党中央和国务院直属机关负责干部会议上的报告中着重讲了反对官僚主义的问题，列举了官僚主义的 20 种表现，曾将"一人做官，全家享福，一人得道，鸡犬升天"定义为"特殊化的官僚主义"并予以坚决反对。

新中国成立之初，在确定政务院各部门的领导人选时，有的人提请让邓颖超在政府里担任一项职务。邓颖超在革命过程中有着深厚资历与突出贡献，当个部长实不为过，但遭到周恩来同志坚决回绝。他说："我是政府总理，如果邓颖超是政府里的一个部长，那么我这个总理和她那个部长就分不清了。人家会把她做的事当成是我支持的。这样家庭关系、夫妻关系、政治关系、政府关系就混到一起去了，这不利于我们党的事

业，也不利于我的工作。”

周恩来同志的亲属、晚辈都知道，他有一条不成文的家规：在任何场合都不要说出与他的关系，更不能利用他的关系。对此，在周恩来身边生活了 15 年的侄女周秉德有着切身的体会。在周秉德的记忆中，伯父对亲属的要求十分严格，他总说：“我们是共产党，不能搞像封建社会那样的裙带关系，不能‘一人得道，鸡犬升天’。”周秉德毕业后在北京一所学校当老师，不到 3 个月被调到朝阳区委去搞“肃反”了。周恩来同志听说后严肃地责问她：“你怎么不当教师了？调到区委是不是因为我的关系给你特殊照顾？”周秉德感觉很委屈：“不是啊！人家都不知道我是谁，是为了开展‘肃反’工作，上级临时抽调一些党员到区委工作的，我们学校的党员就那么几个。”

当前，有的地方领导干部，或为了一己之私，将党纪国法抛于脑后，贪污受贿；或纵容家人收受钱财，危害人民群众利益。他们缺乏周恩来同志身上这种严于律己、大公无私的精神，利用人民赋予的权力谋取私利，严重影响了党和政府的公信力。[①]

二、领导干部是人民公仆，没有搞特殊化的权利

中国共产党是中国工人阶级的先锋队，同时是中国人民和中华民族的先锋队。党的根本宗旨是全心全意为人民服务，党员永远是劳动人民中的普通一员，除了法律和政策范围内的个人利益和工作职权以外，所有党员都不得谋求任何私利和特权。《关于新形势下党内政治生活的若干准则》规定：“各级领导干部是人民公仆，没有搞特殊化的权利。”我们需要从以下几方面来深刻认识。

① 参见《周恩来反对特殊化官僚主义：一人得道、鸡犬升天》，人民网 2015 年 4 月 24 日。

第一，我们党历来不允许领导干部搞特殊化。什么是特殊化的权利？顾名思义，就是法律、制度规定之外的权利，是一般人不能享有的权利。我们党历来不允许党内有特殊党员，认为领导干部是人民公仆，没有在政治上、生活上搞特殊化的权利。对于搞特殊化，党从来都是旗帜鲜明反对的。毛泽东同志在1942年就曾指出："共产党的唯一任务，就在团结全体人民，奋不顾身地向前战斗，推翻民族敌人，为民族与人民谋利益，绝无任何私利可言。"[①]1956年，党的八届二中全会提出了防止各级领导人员特权化，防止产生"特权阶层"的主张。1980年2月，《关于党内政治生活的若干准则》提出："共产党员和干部应该把谋求特权和私利看成是极大的耻辱。"二十大党章更是明确要求："不允许有任何不参加党的组织生活、不接受党内外群众监督的特殊党员"，"任何党员不论职务高低，都不能个人决定重大问题"，"不允许任何领导人实行个人专断和把个人凌驾于组织之上"。

第二，党员干部搞特殊化危害甚大。几十年来，尽管我们党一贯反对特权，但由于传统思维和习俗的影响，一些制度的不健全和不完善，特权现象仍以变化了的或是更隐蔽的方式侵蚀着党的肌体，破坏党的形象。在现实生活中，一些党员干部特权意识根深蒂固、特权作风十分严重。他们有的自视为"特殊党员"，不参加组织生活，不接受群众监督；有的自认为是"特殊人物"，官气十足，用权任性；有的自享"特殊待遇"，超标准享受，潜规则行事；有的自认为居于"特殊地位"，心无敬畏，为所欲为。特权思想、特权现象，绝不仅仅是党风政风问题，它关系社会的公平正义，关系党和国家的前途命运。领导干部搞特权对自己、对党、对国家、对社会的危害甚大，伤害党同人民群众的感情，降

① 毛泽东：《关于共产党员与党外人员的关系》（1942年3月），《毛泽东文集》第二卷，人民出版社1993年版，第395页。

低党在人民群众中的威信，削弱党的领导力，不纠正这种情况，我们的党和国家就不可能生机勃勃向前发展。

第三，党员干部应该坚决反对和克服特权思想。反对特权思想和消除特权现象，不仅是党风廉政建设的重要内容，而且是涉及党和国家能不能永葆生机活力的大问题。习近平总书记警示全党："党内决不允许有不受党纪国法约束、甚至凌驾于党章和党组织之上的特殊党员。"中央严肃查处一些领导干部甚至高级干部严重违纪违法案件有力地证明，全面从严治党不是一句空话，党章不是一纸空文，党内绝无特殊党员容身之所。任何党员企图突破党纪约束，都是搬起石头砸自己的脚，最终受到党纪的严惩。破除党内存在的一切特权思想、特权现象，必须强化制度建设、强化执纪监督，切实增强领导干部的规矩意识、宗旨意识。对领导干部来说，应当自觉从党和国家生死存亡的高度看待特权意识的危害性，树立正确的世界观、人生观、价值观和权力观、地位观、利益观，时时处处慎权、慎欲、慎微。

第四，党员干部要以身作则。"其身正，不令而行；其身不正，虽令不从。"一些作风问题出现在下面，但根源其实在上面。上行而下效，上面偏一寸，下面就可能偏一丈。领导干部要带头保持谦虚、谨慎、不骄不躁的作风，保持艰苦奋斗的作风，自觉做到心中有党、心中有民、心中有责、心中有戒，始终牢记自己是人民公仆，做真正敬畏誓言、敬畏组织、敬畏党纪的明白人，永葆政治本色。

典型案例

党员领导干部任何时候都不能搞特殊化

1952 年秋的一天，西南军区司令员贺龙看到一份部队同志反映的材料，重庆北碚某部政委和第一副部长为自己盖了讲究的“洋楼”，快成了美国的“华尔街”了，严重脱离了群众。贺龙十分生气，到实地调查后发现，“洋楼”附近山岗上高炮连的战士却住在帐篷里，而且水电都没通上。贺龙当即传令让住“洋楼”的两个干部搬出去。两个干部仰仗自己是贺龙的老部下，除了交了份检讨书外，迟迟不搬出“洋楼”。贺龙更加生气，不但让两位干部重新作检讨并降级使用，还让他们在一星期内将“洋楼”让给高炮连。贺龙的批评让两个干部认识到了自己错误的严重性，并及时改正了错误。

（资料来源：人民网—中国共产党新闻网 2013 年 7 月 24 日）

案例启示

贺龙不护短、严惩部下的行为让我们看到了老一辈无产阶级革命家的政治本色和高贵品质，看到了我们党的事业的光辉前景。但同时，我们也必须清醒认识到，两个住“洋楼”的干部的行为不仅仅是个例，事件反映出新中国成立后少数干部以功臣自居，个人主义、享乐主义思想的抬头，是背离党的宗旨、严重脱离群众的体现，是特权思想在作祟，是十分危险和必须坚决反对的。党员领导干部任何时候都不能搞特殊化。

我们党的根本宗旨是全心全意为人民服务，群众路线是我们党的生命线和根本工作路线。沿着这条政治路线，我们党从无到有、从小到大，从弱到强，从胜利走向胜利，无不得益于群众的拥护和支持，无不得益于群众的信任和理解，无不得益于群众的支持和参与。正是有了雄厚的群众基础，有了群众这一最大的靠山，才有了我们力量的无限强大，才有了我们事业的不断进取、不断成功。

然而，个别党员干部不是一心想着组织，一心想着群众、为着群众，总认为自己为党和国家作出了那么多的贡献，创造了那么多的成就，理所当然该特殊点、该享受点、该得点回报。殊不知，自己的一切都来源于组织和群众的支持、帮助；离开了组织和群众，他们将寸步难行、一事无成。无数历史经验教训告诉我们，唯有充分相信群众、依靠群众，我们的事业才能立于不败之地。

“水能载舟，亦能覆舟。”人民拥护我们取得了事业的胜利，人民反对我们，则让我们的事业失败。苏联之所以亡党亡国，一个重要原因就是苏共的党员领导干部特权化思想严重，老爷作风盛行，导致脱离群众，与群众离心离德，最终被人民抛弃，落得可悲的下场。“前事不忘，后事之师”，两个住“洋楼”的领导干部经贺司令员的严厉批评后，能深刻认识错误，并及时改正错误，固然值得肯定。但如果我们在事前能筑牢思想防线，不让特权思想抬头，不让享乐主义思想抬头，永远做“平民干部”，岂不是更能让人称道？

党员领导干部任何时候都不能搞特殊化，这是全面从严治党的根本要求。我们必须时刻保持艰苦朴素、谦虚谨慎、不骄不躁的生活作风，不与民争利，不贪图享乐，不损害群众利益；必须时刻保持勤俭节约、清正廉洁、乐观积极的生活态度，关心群众疾苦，关注群众冷暖，以群众利益为核心，维护好、实现好、发展好群众利益；必须有“俯首甘为孺子牛”的精神境界，坚持发展为了群众，发展依靠群众，发展成果惠及群众，不断密切党同人民群众的血肉联系，不断深化党同群众的鱼水亲情，不断提升党在群众中的威望，使党的执政基础不断得到巩固和加强。

深度思考

1. 导致领导干部特殊化的内外因是什么？

2. 领导干部特殊化会带来什么危害？

3. 现阶段，领导干部特殊化的表现有什么新特点？

第十四种　摆官架子

自有官员以来，“官威”“官架子”等词就伴随而生，但是这看不见、摸不着的“官架子”并不是官员与生俱来的，而是在后天中慢慢形成的。一些干部官僚主义、享乐主义等思想严重，把职务高当成能力高，每天沉醉于“权力空间”，不管走到哪里都要“与众不同”，摆出“官老爷”派头，甚至用“官架子”来掩盖内心的空虚。然而，这令人鄙夷的“官架子”，犹如在百姓和官员之间筑起了一道心墙，拉大了干部和群众之间的距离，影响了党和政府在人民群众中的形象，甚至损害了人民群众的切身利益。

经典论述

有些同志高高在上，脱离群众，屡犯错误，背上了这类包袱是一个重要的原因。所以，检查自己背上的包袱，把它放下来，使自己的精神获得解放，实在是联系群众和少犯错误的必要前提之一。

——毛泽东：《学习和时局》（1944 年 4 月 12 日），《毛泽东选集》第三卷，人民出版社 1991 年版，第 947 页。

群众看一名干部是否称职，其中一个重要方面是看其“官样子”做得好不好，有没有“官架子”。现在确实有少数领导干部在群众中的形象不是很好，“官样子”不怎么的，“官架子”倒不小。

——习近平：《领导干部要放下“架子”、做好“样子”》（2007 年 3 月 24 日），《之江新语》，浙江人民出版社 2007 年版，第 267 页。

有的对上吹吹拍拍、曲意逢迎，对下吆五喝六、横眉竖目，门难进、脸难看、事难办，甚至不给钱不办事，收了钱乱办事。有的对待上级部署囫囵吞枣、断章取义，执行上级决定照本宣科、等因奉此，或者照猫画虎、生搬硬套，以前怎么做就怎么做，别人怎么做就怎么做，完全不顾本地本部门实际情况。有的官气十足、独断专行，老子天下第一，一切都要自己说了算，拒绝批评帮助，容不下他人，听不得不同意见。

——习近平：《在党的群众路线教育实践活动工作会议上的讲话》（2013 年 6 月 18 日），《十八大以来重要文献选编》（上），中央文献出版社 2014 年版，第 311—312 页。

正如纨绔子弟大多比较骄纵，而教养良好的人更懂得自尊和自爱一样，一个领导干部的思想道德水准，特别是随着职务提升、岗位变化，也大多会反映在日常言行之中。有的谦虚谨慎、不骄不躁，有的则目中无人、自高自大。其中，最让老百姓反感的是“摆官架子”。有人说，“官架子”纯属个人行事风格，不算什么毛病，有“架子”的干部未必坏，而看上去和颜悦色的未必就好。知人论世，当然不可简单化，这没问题。要说的是，从干部的思想作风来看，有意或无意端“架子”、摆“架子”，不是无缘无故的。“架子”是表象，反映的是内心。领导干部要放下架子，对待老百姓平易近人。作为领导干部，不能因为自己职务高而产生高高在上的感觉，要在内心深处永远铭记自己手中的权力是人民群众赋予的。自己要时刻想着为人民群众谋利益，要更多地想着自己肩负的使命与责任。领导干部只有放下“架子”，才能够更好地体察民情、倾听民情，才能够始终与群众心贴心，才能够赢得人民群众的爱戴与支持。

一、“摆官架子”暴露一些党员干部初心不足

党员干部蜕化变质的原因各有不同，但很多是从言谈举止出现细微变化开始的，具有相同或相似的特征——那些因为职务提升而自我膨胀的人，待人接物时往往颐指气使，说话“嗯嗯啊啊”地装腔作势；那些执掌权柄而忘乎所以的人，往往专横跋扈、唯我独尊，根本不屑听取别人的意见，张嘴就是“这事我说了算”；那些官僚习气严重的人，往往特别在意接待规格、职级待遇，衣食住行讲排场、摆阔气，

酒要特供的，车要豪华的，个人面子比天还大；那些被身边人的奉承和恭维包围的人，往往自命不凡、目空一切，一天到晚自我陶醉、自我欣赏。即便是善于表演和伪装的“两面人”，骨子里向往和追求的还是高人一等、俯瞰众生，区别仅仅是出于“小不忍则乱大谋”的考虑而不得不“忍一忍”。

“摆官架子”的民间说法，很形象。“架子”之有无，与怎么看待“官”密不可分。“架子”，说到底，是对身份的一种认知。“摆架子”无非是认为自己属于高贵群体，标榜“我们不一样”：职务高、地位高、智商高、能力高、成就高，理当被众人捧着，理当拥有特权，甚至理当享有“刑不上大夫”的豁免权。姑且不论其能力、水平是不是真的“高”，单说那种“理当与众不同”的思想、念头，实质就是官本位思想根深蒂固。信奉“唯上智与下愚不移”，有意无意地强化官与民、上与下、贵与贱的身份差别，拒老百姓于千里之外——这样的干部怎么能做到“严于律己，宽以待人”，怎么会全心全意为人民服务以及主动接受群众监督？[①]

知识链接

“居官无官官之事”

东晋时的刘尹是晋明帝的女婿，身份显赫，但他“为政清静、门无杂宾”，死后人赞之曰：“居官无官官之事，处事无事事之心。”说白了，就是不把自己的身份太当回事，不张扬、不作秀、不摆谱，隐忍、内敛、低调。

在官本位居统治地位的旧时代，大部分人谋官的目的之一，就是为

① 参见米博华：《老百姓反感“摆官架子”》，《中国纪检监察报》2018年7月23日。

了“官官之事”，如骑马坐轿、鸣锣开道之类，几品官可以骑什么马、乘坐几人抬的轿等。刘尹虽贵为驸马，却能够放低身段，不招摇、不显摆，实属不易。

在这方面，留下好名声的还有春秋时期宋国大夫正考父。他是几朝元老，但对自己要求很严。他在家庙的鼎上铸下铭训：“一命而偻，再命而伛，三命而俯。循墙而走，亦莫余敢侮。”意思是说，每逢有任命提拔时都要谨慎，一次提拔要低着头，再次提拔要曲背，三次提拔要弯腰，连走路都要靠墙走。正考父的身份不可谓不高，但他没有因此大搞“官官之事”，而是始终保持谦卑的人生态度和简单的生活方式。在 2013 年全国组织工作会议上的讲话中，习近平总书记引用了正考父的典故，他说：“我看了这个故事之后，很有感触。我们的干部都是党的干部，权力都是党和人民赋予的，更应该在工作中敢作敢为、锐意进取，在做人上谦虚谨慎、戒骄戒躁。”

“官官之事”，其实质是一种负面的为官理念——官僚主义。在这种理念的支配下，为官者对上奉迎拍马、阳奉阴违，大搞形象工程；对下耍官威、摆架子，吆五喝六、颐指气使。我们现在大力反对官僚主义作风，“官官之事”就不得不防。

对“官官之事”等官场习气，我们党历来保持高度警觉。老一辈革命家以上率下，反对官僚主义习气。“朴素浑如田舍翁”的朱德同志，“他的作风，他的一切生活，完全不像一个统率百万军队的总司令，只像一个普通的兵”。“他和军队士兵和学校学生一起打球，他和普通球队队员一样，听队长指挥，不独他自己忘了自己是百万军队的总司令，而且球队的队长也忘了他是百万军队的总司令。历史上有功于国家民族的英雄，做到忘己就很难，我们总司令却能双忘。”彭德怀同志也告诫“共产党员要像扫把一样为人民服务，供人民使用，而不要像泥菩萨一样让人民恭敬我们、称赞我们、抬高我们、害怕我们”，并带头身体力行，视察部队从不坐靠背椅，与战士同坐矮板凳。许世友下连当兵处处拿出“兵样子”，与基层官兵打成一片，连队战士对他的称呼也由“首长”变为“许同志”，再变为“老许同志”，最后亲切地称呼他“老许”。

党的高级领导干部如此，普通优秀党员领导干部也是这样。从“心中装着全体人民，惟独没有自己”的焦裕禄，到“不带私心搞革命，一心一意为人民”的谷文昌；从始终保持平民干部本色的“草帽书记”杨善洲，到“把官做淡、把事做精、把人做大”的“全国优秀组织工作干部”杨汉军，他们都以爱民亲民敬民忧民的形象，立起了人民公仆为人民的“官样子”。

“党员领导干部是人民的公仆，人民是领导干部的主人。”每名党员领导干部都要牢记习近平总书记所说，摆正自己与人民群众的关系，始终把人民放在心中最高的位置，牢记服务人民官之责、无私奉献官之德、勤政廉政官之形，摈弃万人之上官之念、跋扈恣意官之气、前呼后拥官之威，坚持深入基层、深入群众，扎扎实实干好事、办实事、解难事。惟其如此，才是共产党员本色，才能永远被人民群众所爱戴、所拥护。

（资料来源：《中国纪检监察报》2018 年 10 月 23 日）

二、高高在上、贪婪腐化

领导干部是一个特殊的群体，在人们的眼中，领导干部要坐台子、批条子，会场、酒场到处跑，是十分忙碌的。长期以来，一些领导干部高高在上，远离人间烟火，多数人对他们都敬而远之。然而，许多高官的落马无不与钱、权、色有着千丝万缕的联系，贪污腐化的程度令人咋舌。很多领导干部上任之初，我相信都怀着服务大众的初衷。为什么时间一长，有的领导干部就腐化堕落了呢？

第一，领导干部变贪变质，与社会大环境关系密切。整个社会既是一个大熔炉，也是一个大染缸。曾遇到一个热血沸腾的高才生，抱着救国救民的思想投入社会大舞台，积极进取，充满正能量，事业也上了一个台阶。但是，在经历了“一言堂”、帮派斗争和许多“潜规则”后，他“明白”了：原来，以“满腔热情报效祖国”不过是书面用语，人就得适应社会，而不是社会来适应你。个人的力量实在渺小，无法改变一些约定俗成的东西。要想不受排挤，要想在官场上混，算了，还是随大溜。你要送礼我就收，显得亲热；你要批文件我尽量签，显得仗义；你要请客我就到，显得随和。许多原本好好的领导干部被腐蚀了，随波逐流，丧失了本性。高才生腐化了，一些从农村出来的干部也慢慢变质，包了“二奶”，休了原配，享受欲越来越强烈，派头也一天比一天大。这些领导干部随着职位的升高、权力的增大、私欲的膨胀，在诱惑面前失去了抵御力和辨识力，很自然地滑入犯罪的深渊。纵观领导干部的生活，给人的印象的确就是一个字：“忙”。他们忙得顾不上吃饭，忙得加班加点，还经常下班后开会到深夜。要不然，就是成天出差，今天刚刚回家，明天又得去赶飞机，好像这个世界离开他们就没法运转似的。然而，对于家人来说，见面时间少，交流时间少，对亲情的亏欠是他们犯罪的又一原因。有些领导干部异地任职，也是导致其腐化堕落的根本原因。离家远了，孤独寂寞，恰有投其所好者，成天安排领导的休闲娱乐活动，或陪着赌博，或陪着做足疗，或引荐女性朋友与其打成一片，时间久了，便称兄道弟视为知己。有的领导干部将有好处的工程等让兄弟做，兄弟也加倍回报领导。就这样，一些领导干部成为某个利益链条上的一环，不知不觉就腐化变质。直到东窗事发，方如梦初醒，但悔之晚矣。

第二，“一把手”说了算，是导致领导干部蜕变的一个重要原因。权力缺乏有效监督，久而久之，“一把手”们就会养成独断专行的霸权作风。虽然有监督机构，却犹如聋人的耳朵，哪里都是“一把手”在做决断、最后拍板。有人奋斗终身，倾其所有，也当不上“一把手”。那么，如何预防领导干部职务犯罪呢？首先，营造风清气正的大环境，彻底杜绝官官相护、任人唯亲、暗箱操作、权钱交易、权色交易等社会不良现象。从制度上加强对权力的有效监督，打消一些干部“做官就有钞票、美女、特权”的思想。其次，必须加强对领导干部进行社会主义核心价值观的教育，使其树立全心全意为人民服务的思想，真正做到“为官一任，造福一方”。这至关重要，因为头脑指挥行动，价值取向正确了，就不会有随波逐流的干部，不会出现生活腐化的干部，不会出现像陈世美一样抛弃糟糠之妻的干部。我们要培养干部，也要积极挽救干部，只有双管齐下、正视问题，才有出路。

典型案例

这个书记脾气咋这么大

社区廉租房是一项保障低收入群众安全住房的民生工程。四川省成都市成华区万年场街道槐树店社区的廉租房申请考核由时任社区党总支副书记万宁主要负责。

2017 年 9 月 30 日，万宁随意将群众王顺（化名）老人提交的房屋租赁补贴申请表等个人材料放置在社区服务中心大厅。

2017 年国庆假期结束后，王顺老人因家庭经济困难急需这笔钱，于是到社区服务中心询问，发现其半年前提交的房屋租赁补贴申请表及个人家庭情况说明等材料被随意放在社区中心。老人误以为社区工作人员未将材料提交上去，遂找到万宁讨个“说法”。万宁未能及时向老人解释清楚，而且态度强硬，称以上材料为会议资料不予归还，在社区服务中心大厅与其发生口角，言辞激烈甚至引发肢体冲突。万宁甚至将老人所骑的共享单车丢至河中，扬言让老人“回不了家”，造成了不良社会影响。

“作为基层党组织的副书记，是人民的勤务员，你不仅没有为人民服务，而且依仗公权，肆意对老人恶语相向，这是一名党员干部应该做的吗？”面对成华区纪委调查组成员的提问，刚上任不到一年的万宁羞愧地低下了头。

2018 年 1 月，成华区纪委监委决定，因万宁在做群众工作时方法简单、作风粗暴，造成恶劣影响，给予万宁党内警告处分。

（资料来源：人民网—中国共产党新闻网 2018 年 11 月 13 日）

案例启示

中央纪委办公厅印发的《关于贯彻落实习近平总书记重要指示精神集中整治形式主义、官僚主义的工作意见》指出，在联系群众、服务群众方面，重点整治群众身边特别是群众反映强烈的形式主义、官僚主义突出问题。比如，便民服务单位和政务服务窗口工作人员态度差、办事效率低，政务服务热线、政府网站、政务 APP 运行“僵尸化”。

面向群众开设的便民服务单位和政务服务“小窗口”，直接代表的是我们党和政府全心全意为人民服务的形象。然而在实际工作中，“门难进、脸难看、事难办”等问题仍不同程度地存在。有些党员干部做群众工作不细致、不耐心，三言两语了事，甚至对群众怒目相对、吆五喝六，好像只有经过他的“震慑”，群众才“心服口服”。归根结底是这些干部宗旨意识、公仆意识、群众意识淡薄的问题。

群众利益无小事。如何打造服务窗口新形象，提高为民服务水平？

如何让政务服务热线、政府网站、政务APP成为党和政府联系人民群众的桥梁和纽带？一方面，需要这些单位改进工作作风、密切联系群众，主动积极地履行为人民服务的职责；另一方面，纪检监察机关也要严格监督执纪问责，坚持把纪律挺在前面，让热衷于搞形式主义、官僚主义的党员干部及时“红脸出汗”，防止小问题造成大影响。对顶风违纪的党员干部，既追究直接责任人的责任，又追究有关领导的责任，点名道姓通报曝光，以严肃问责倒逼党员干部转作风、改作风。

深度思考

1. 如何通过纪律来杜绝领导干部“摆官架子”的现象？
2. 领导干部应保持什么样的从政观念？
3. 为什么有的领导干部上任时间一长就腐化堕落了？

第十五种　自私自利

“小我”为何存在？私心何以滋长？人非圣人，要求所有人都大公无私，过于理想；一般人有点私心，在所难免，可以通过道德来规范。但作为共产党员，公私之分绝不是小事，不仅关乎党员是否合格，而且关乎党的执政基础和执政水平。立党为公、执政为民是我们党执政的思想基础，是我们党存在的价值，是我们党树立的自身形象。不弃私心，必废公事。党员干部公私不分、自私自利，必然损害党的形象、贻害党的事业。

经典论述

树政绩的根本途径是将人民群众的眼前利益和长远利益结合起来，尊重客观规律，按客观规律办事，脚踏实地地工作；树政绩的根本目的是为人民谋利益。一个干部树政绩如果是为了给自己留名，替自己立碑，为自己邀官，这样的干部就根本做不到求真务实，根本不可能对群众负责，根本不可能专心致志抓落实。当然，政绩观与发展观紧密相关。

——习近平：《树政绩的根本目的是为人民谋利益》（2004 年 3 月 3 日），《之江新语》，浙江人民出版社 2007 年版，第 34 页。

中国共产党从诞生那天起，从来就没有自己的私利，而是以全心全意为人民谋福利为根本宗旨。密切联系群众是我们党区别于其他任何一个政党的显著标志。依水行舟，忠诚为民，成为贯穿中国革命和建设全过程的一条红线，也是“红船精神”的本质所在。

——习近平：《弘扬“红船精神” 走在时代前列》（2005 年 6 月 21 日），《人民日报》2017 年 12 月 1 日。

江山就是人民，人民就是江山。中国共产党领导人民打江山、守江山，守的是人民的心。治国有常，利民为本。为民造福是立党为公、执政为民的本质要求。必须坚持在发展中保障和改善民生，鼓励共同奋斗创造美好生活，不断实现人民对美好生活的向往。

——习近平：《高举中国特色社会主义伟大旗帜 为全面建设社会主义现代化国家而团结奋斗——在中国共产党第二十次全国代表大会上的报告》（2022 年 10 月 16 日），人民出版社 2022 年版，第 46 页。

一、部分领导制造“偶遇”新闻，追名逐利无顾忌

一段时间以来，“偶遇”新闻频现。有人“偶遇”领导干部乘地铁、坐公交车，有人“不经意”得知领导干部下乡调研自带方便面。偶尔一次不足为怪，但“偶遇”成风则令人起疑。

一些领导干部制造“偶遇”新闻，无非是想宣扬自己低调、务实、节俭，彰显转作风见成效，但“偶遇”太多、刻意作秀却泄露了秘密。事实上，有的领导干部从请人给自己代写文章到频频制造“偶遇”新闻，不论宣扬的手法怎么变，给自己造势的意图没有变，沽名钓誉之心没有减。前些年，有的地方评选“全省职业教育先进个人”、“五一劳动奖章”、杰出青年，局长、处长竟然纷纷占主角，他们追名逐利可谓无所顾忌。

诚然，“人过留名，雁过留声”，名利之心人皆有之，原本无可厚非，关键是如何对待名利。对于普通人来说，名利心重些，无非世俗市侩一些。但对领导干部而言，沉溺于追名逐利，醉心于沽名钓誉，就无异于打开“潘多拉”盒子，万般恶事多因此而起。不少落马官员在追悔时就常常这样写道：“贪图功名利禄是我这一生最大的错误”，“私心杂念太重，名利思想太强，贪婪私欲过度”。领导干部的名利观扭曲，不仅容易腐化变质、身败名裂，而且损坏党和政府形象。

有的官员把升迁看得比一切都重，不惜搞“形象工程”“政绩工程”，或者拉关系、找门路，甚至跑官、要官、买官。有的人把职级待遇放在首位，争名夺利在前，吃苦受累在后。有的人以名利得失为干事

依据，一看现在规矩多、约束多就干脆为官不为。有的人看到自己盖一个章、签个字能使别人发财，心理就不平衡，不吃点、拿点、卡点、要点就不舒坦。有的人看到有利可图的事情就积极作为、扎堆作为，反之就视而不见、相互推诿。凡此种种，皆因名利观扭曲，给官场带来不良风气，使名利当道、实干靠边。

唐代诗人杜牧写道："莫言名与利，名利是身仇。"白居易则说得更直白："劝君少干名，名是锢身锁。劝君少求利，利是焚身火。"极言追名逐利之害。由此可见，自古以来君子多以淡泊名利自居。郑板桥在山东潍县任上时就曾这样告诫自己："名利竟如何，岁月蹉跎，几番风雨几晴和，愁雨愁风愁不尽，总是南柯。"今天的一些领导干部之所以在名利上丢人失分、为人所鄙，就在于没有养成共产党人应有的名利观。

陈云同志写"个人名利淡如水，党的事业重如山"的条幅以自警，杨善洲一辈子追求"共产党员"这个光辉之"名"、"实现人民利益"这个崇高之"利"……他们的事迹至今被传为佳话，生动地彰显了优秀共产党人的名利观。"视个人名利如粪土""计利当计天下利，求名应求万世名"，各级领导干部必须具有这样的胸襟与情怀。

"正确对待名利"，这是习近平总书记对各级领导干部的谆谆教诲。身处社会转型期，面对纷繁扰攘，不为名所缚、不为物所累，守得住清贫、耐得住寂寞，清清白白为官、踏踏实实干事，我们就能以人格魅力和境界修为赢得百姓尊重和信赖。

二、领导干部须警惕容易犯错的三个时期

"利关不破，得失惊之；名关不破，毁誉动之。"领导干部越是位高权重，越要牢记党员宗旨和权力来源，摆正自己的位置；越要有"臣门

如市、臣心如水”的定力，努力做到位高不自恃、权重不谋私，不忘初心，一尘不染。

翻阅一个个“大老虎”的履历会发现，他们往往有奋斗的经历、光荣的事迹……可惜的是他们虽然走上了较高的职位，却因私欲膨胀栽了大跟头。原本清醒的头脑变晕了，原本干净的双手变脏了，原本纯洁的交往变味了，真是“金黄银白，但见了眼红心黑，哪知头上有青天”。

领导干部什么时候头脑最清醒？有人总结道：天灾降临后、东窗事发后、大祸临头后、遭受重挫后、退休闲暇后最清醒。那么，领导干部什么时候容易犯错？总结一些落马官员的教训，领导干部在这三个时期必须警惕。

说一不二、独断专行时。领导干部任职之初，尚未熟悉工作，尚未理顺关系，往往能够虚心听取不同意见，作风也会比较民主。然而，时间一长，有的领导干部尝到了拥有权力的滋味后，热衷于按照个人意志行使权力，听不得一点杂音，受不得一点监督。当“一把手”变成“一霸手”、“群言堂”变成“一言堂”时，领导干部就走上了犯错误的“快车道”。

自作聪明、长袖善舞时。在正风反腐的高压态势之下，“一手收钱，一手办事”的现象少了，但亲友联盟、权钱交易、雅好掩身、高科技作案等远未绝迹，贪腐只是变得越发隐蔽。他们自以为贪腐手段高明，“踏雪无痕”，保险可靠，殊不知，狐狸的尾巴藏不住。刘志军把丁书苗当成了自家的钱袋子，季建业把朋友圈发展成为腐败圈，他们皆以为天衣无缝，不也都劣迹昭彰，大白于天下了吗？！

追求享受、嫌贫爱富时。“侈则多欲，君子多欲则贪慕富贵，枉道速祸。”靠工资生活，过平常日子，是领导干部应有的平常心。然而，有的领导干部追名逐利，贪图享受，向往那些朝歌夜弦、醉生梦死的生活，靠工资显然不行，只能挖空心思去敛财谋利。

典型案例

囫囵吞枣脱离实际　扶贫政策在纸上空转

2017年2月，江西省九江市人社局在全市人社系统开展精准扶贫行动，提出了20项具体措施，要求各县结合实际，及时抓好贯彻落实。德安县人社局在单位领导签字传阅后，就把起草全县人社系统精准扶贫行动实施方案的任务交给了刚进入单位、不熟悉政策的人秘股干部陈少峰。

2017年4月底，德安县人社局才发现，精准扶贫行动实施方案还没有制订，“红头文件”成了“空头文件”，扶贫政策迟迟没有落实到位。匆忙之中，陈少峰从九江市人社局要来文件电子版，书面征求下属单位意见后进行了简单的修改，经分管副局长及局长审核后，该局匆匆出台《德安县人力资源和社会保障系统精准扶贫行动实施方案》，并报告有关部门，称实施方案已经出台。

该县人社局在制订实施方案时，没有深入理解相关政策，机械地把九江市人社局文件中关于人才支撑的相关部分全部删掉，导致很多本可适用的扶贫政策到不了基层；没有经过调查研究就匆忙应付出台的文件中有多处明显的逻辑错误，更没有结合德安县实际情况进行细化和修改，举措不实、标准不一，针对性、操作性不强，基层扶贫干部无所适从。

文件印发后，德安县人社局再也没有人过问过相关工作，也没有人去扶贫一线实地检查指导，“先天不足”的扶贫举措成了一纸空文，中央和省市有关就业、扶贫保障等相关政策停在纸上、挂在嘴上，就是落不到行动上。

2018年4月，陈少峰受到行政警告处分，分管副局长陈丽华受到诫勉谈话处理，时任局长陈敏受到通报批评处分。

（资料来源：《中纪委连发九个形式主义官僚主义案例　党员干部需对照查找》，人民网—中国共产党新闻网 2018 年 11 月 13 日）

案例启示

中央纪委办公厅印发的《关于贯彻落实习近平总书记重要指示精神集中整治形式主义、官僚主义的工作意见》指出，要重点整治严重影响党中央权威和集中统一领导影响中央政令畅通的形式主义、官僚主义的突出问题，比如，对中央精神只做面上轰轰烈烈的传达，口号式、机械式的传达，不加消化、囫囵吞枣的传达，上下一般粗的传达；在工作中空喊口号，表态多调门高、行动少落实差，热衷于作秀造势；单纯以会议贯彻会议、以文件落实文件，做表面文章、过度留痕，缺乏实际行动和具体措施。

德安县人社局对于扶贫工作不顾实际、不做调研、不抓落实，使“红头文件”成了“空头文件”。关键是这一错误侵害了群众利益，损害了党和政府在群众中的形象，必须坚决纠正、严肃查处。同时，必须严格按照中央纪委办公厅印发的《关于贯彻落实习近平总书记重要指示精神　集中整治形式主义、官僚主义的工作意见》，对照 12 类突出问题，对于类似的形式主义、官僚主义问题，要从严查处、从严问责！

深度思考

1. 领导干部应树立怎样的名利观？

2. 为了约束领导干部利用手中的权力实现利益输送，应加强哪些措施？

3. 如何看待“雅贿”？

第十六种　争名夺利

“天之道，利而不害；圣人之道，为而不争。”淡泊名利是对党员干部的必然要求，是全心全意为人民服务的基本前提。每一名党员干部务必将淡泊名利作为修心之策，培养“为天地立心，为生民立命”的胸怀和气度，坚持以德修身、以德立规、以德定行，不谋一己之得失，而忧事业之兴衰，全身心地投入为社会谋发展、为人民谋福祉的工作中。

经典论述

“非淡泊无以明志，非宁静无以致远。”力戒浮躁，最根本的是要坚守做人的操守和从政的道德，树立正确的世界观、人生观、价值观，树立正确的权力观、地位观、利益观，正确对待名利地位，正确看待进退留转，淡泊处世，静心思考，磨炼意志，砥砺志趣，耐得住寂寞，守得住清贫，“静而后能安，安而后能虑，虑而后能得”。

——习近平：《做人做事要力戒浮躁》（2006 年 2 月 27 日），《之江新语》，浙江人民出版社 2007 年版，第 173 页。

作为党的干部，就是要讲大公无私、公私分明、先公后私、公而忘私，只有一心为公、事事出于公心，才能坦荡做人、谨慎用权，才能光明正大、堂堂正正。作风问题都与公私问题有联系，都与公款、公权有关系。公款姓公，一分一厘都不能乱花；公权为民，一丝一毫都不能私用。领导干部必须时刻清楚这一点，做到公私分明、克己奉公、严格自律。

——习近平：《深入推进党风廉政建设和反腐败斗争》（2014 年 1 月 14 日），《习近平谈治国理政》，外文出版社 2014 年版，第 394 页。

中国共产党是人民的党，是为人民服务的党，共产党当家就是要为老百姓办事，把老百姓的事情办好。空谈误国，实干兴邦。要认真学习贯彻党的二十大精神，全面推进乡村振兴，把富民政策一项一项落实好，加快推进农业农村现代化，让老乡们生活越来越红火。

——《习近平在陕西延安和河南安阳考察时强调　全面推进乡村振兴　为实现农业农村现代化而不懈奋斗》，《人民日报》2022 年 10 月 29 日。

古人云："钓名之人，无贤士焉。"但在现实社会中，就有这样一些官员忘却了全心全意为人民服务的根本宗旨，在掌握了权力之后，不记得为百姓谋福利，只记得为自己弄出一些真文凭、假学历，当成自己升迁的"软件设施"；为自己杜撰一些空衔，挂满脖子，彰显自己在位期间的各种"政绩"；绞尽脑汁制造各种"偶遇"新闻，宣扬自己在工作中的低调、务实、勤俭。而曾经"见工作就抢，见荣誉就让"的模范行为却逐渐减少，如今已然成为令人心寒的"见工作就让，见荣誉就抢"。树立正确的名利观是领导干部在事业道路上的必修课，也是领导干部不断进步和真正做到为人民服务的必要条件和基础。

第一，坚持正确政治方向。党员干部要坚定正确政治方向，牢牢站稳政治立场，补足精神之"钙"，筑牢信念之基，坚定对马克思主义的理想信念，坚定对共产主义的信仰，自觉树立起正确的世界观、人生观、价值观，不断增强政治敏锐性和政治鉴别力，始终保持对党的清醒认识和忠诚信仰，坚定不移地坚持党的领导，自觉在思想上政治上行动上同党中央保持高度一致，忠诚履职，为民造福。

第二，打铁必须自身硬。领导干部要严格按党性原则、党纪国法和规章制度办事，时时处处以党性约束自己的一言一行，始终严于律己，率先垂范，把对上负责和对下负责真正统一起来，自觉把内化于心的规矩外化于行，在任何时候、任何情况下在思想上政治上行动上同党中央保持高度一致，始终保持正确的政治方向，坚守政治规矩，坚持党性原则，牢记党的宗旨，始终心存敬畏戒惧，做党组织信任、群众信赖的合格干部。

第三，正确对待个人前途和职位。作为一名领导干部，希望得到更好的待遇、晋升到一个更高的职位，其实也无可厚非，但不能一心只为了追求帽子、位子、金钱、利益，把自己的岗位职责履行好、岗位工作干好，才是最基础的、最基本的。站好自己的岗、守好自己的位是一名领导干部的分内之事和应尽的义务，也是其职责所在、使命所在。如果不能正确对待个人前途和职位，就会背上思想包袱，成为前进道路上的羁绊。作为一个领导干部，必须认识到，个人的晋升，一靠组织，二靠群众，三靠政绩，四靠素质。如果你是个“草包”，是个扶不起的“阿斗”，关系再硬也不行。当然，有时也有个机遇问题。要牢固树立“重事业、淡名利”的思想，树立共产党人“不是要做官，而是要创业”的思想，树立“不论职位高低，都是人民勤务员”的思想。党员干部尤其是领导干部居于少数，身处关键位置、关键领域、关键环节，是党的事业的组织者、推动者和落实者，从严治党，关键是要抓住领导干部这个“关键少数”。

第四，把党和人民的利益放在第一位。身为党员干部，就应当始终牢记必须将组织的事业、组织的利益摆在第一位。既然加入了党，就必须履行入党誓言，身在组织就应当心有组织、心系组织，把组织安排的工作干好，把组织交代的任务完成好，把自己在组织中的责任担起来。习近平总书记多次强调，全党同志都务必要做到在党言党、在党忧党、在党为党。作为党员干部，就不能再把自己和组织分割开来，而是要让自己融入组织，把自己的心思和精力投入党的事业中去，把自己的那“一亩三分地”耕耘好，做到守土有责、守土负责、守土尽责。

第五，坚持以人民为中心的发展思想。身为党员干部，就应当立足自己的岗位，用自己的实际行动来切实践行我们党全心全意为人民服务的根本宗旨。人民群众是我们党长期执政的基础，每一位党员干部都必须始终把人民群众的利益抓在手中、放在心上。习近平总书记说：“人民对美好生活的向往就是我们的奋斗目标。”这句话是以人民为中心的发展思想的体现，也是我们党的根本宗旨的体现，党员干部干事创业应当紧紧围绕人民群众来干，做到时时替群众想、事事为群众谋。

“非淡泊无以明志，非宁静无以致远。”党员干部尤其是领导干部要有一颗淡泊名利的心，对自己高标准、严要求，时刻警醒、告诫自己，不能越雷池，清醒地认识到自身的不足，注重提升自己的内在修养，不为名利所累、不为繁华所诱，不计名利，不计得失，堂堂正正做人，清清白白为官，真正俯下身子，任何时候都把党和人民的利益放在首位，把自己的一切献给党和人民。

典型案例

当落马贪官回首人生——权力任性酿就苦果

一、一条雷同的人生轨迹：他们中的许多人曾经是“能吏”

不可否认的是，许多落马官员曾经是“能吏”，甚至在当地或其所在领域内颇有口碑。

“很典型的就是最近落马的仇和，多年来他一直有争议，其劲头是不可否认的，但是方法不能服众，尤其是十八届四中全会以来，在全面依法治国的视角下看更是如此。”在接受记者采访时，中央党校教授谢春涛认为，很多落马官员之所以能到那么高的位置，本身是很能干的。

谢春涛认为，尽管能干是一个好干部的必备因素，但很多“能吏”也往往会刚愎自用、狂妄自大，很多人就是在这种心态之下出的问题。“掌权之后经不起诱惑，而且自信度过高。”

阅读这些落马官员的忏悔书，许多人有一个共同的特点，就是人生轨迹经历了一条抛物线。

在看了23名贪官的《悔过书》之后，陆军第三十一集团军政治委员张学杰总结说，他们的人生轨迹大体相同：都经历过苦难的童年、奋斗的青年、上升的中年，最后都走向悲惨的晚年；他们的血泪教训也几乎相同：丧失了理想信念和党性原则。

比如，全国政协原副主席苏荣在《悔过书》中写到，他出身贫农，从大队会计干起，一直干到副国级，连续参加六届全国党代会，连续四届当选中央候补委员、中央委员。

在接受记者采访时，国家行政学院教授竹立家认为，官员并非一开始就贪污，也是一步步上来的，但是随着手中的权力增大，所受到的约束反而会越小，这样就形成了一个悖论。

问题出在哪里？在落马官员的《悔过书》中可找到一些答案。

思想蜕变是普遍的。安徽省原副省长倪发科认为，他的问题主要是在人生的晚年放松了学习，世界观、人生观、价值观出现了问题，导致了思想滑坡。“担任副省长后接触的面广了，层次高了，看到的听到的各种社会现象也多了，致使我思想产生了错觉，把社会不正之风非主流现象误认为是社会普遍主流潜规则。”他说。

转变的过程并非一蹴而就，“温水煮青蛙”是常态。全国人大环境与资源保护委员会原副主任白恩培在《悔过书》中认为，他的严重违纪违法是一步一步发展的，从请客送礼、接受礼品馈赠到权钱交易、收受巨额贿赂，数量上由少到多、由小到大，心理上由不安到心安理得。

二、一种不良的政治生态：个人贪欲带来家族腐败

落马贪官与周遭环境的互动，是《悔过书》的重要内容。无论是周遭环境对官员的“围猎”，还是家庭因素，都成为其落马过程中的关键环节。

全国政协原副主席、江西省委原书记苏荣忏悔道，家就是权钱交易所，他本人就是权钱交易所所长，不仅全家老小参与腐败，也带坏了干部队伍、败坏了社会风气、损坏了政治生态。

落马官员认为自己对不起家庭，也是他们在《悔过书》中体现出的一种共性。

三、一种必须重视的警示：不让“双面人生”逍遥法外

“公布忏悔录，对于许多官员来说有着警示意义，让他们真正意识到腐败的严重性和危害性，以及对于社会甚至自身家庭的伤害。”竹立家认为。

不少观察人士都认为，官员的《悔过书》通过公开平台扩散出来，在腐败预防过程中可以起到一定作用。中国人民大学反腐败与廉政政策研究中心主任毛昭晖认为，廉政风险防控机制应该逐渐与治本并重。

这种忏悔录所公布的细节和情节发展的逻辑，为我们对权力的有效监督和约束提供了更多的警示。竹立家认为，这些忏悔录提醒我们，我们在对官员的有效监督方面还有很多漏洞，让他们有越界的可能性。

“血的代价和沉痛的教训让我认识到，党中央对党员领导干部从严要求和严格管理是对党员领导干部的最大关心和爱护。”政治生命终结之后，倪发科如是说。

每当有重要官员落马，人们总会发现，此前他们在一些场合谈反腐问题时慷慨激昂甚至“狠劲”十足，如苏荣等的反腐讲话中。有网友因此戏称这些人为“演技派”——人前一套人后一套，台上台下风格迥异。

“这是一种彻底的讽刺，能在台上讲出那些话，说明他们知道党和人民对他们的职务期望是什么，结果下来照贪不误。”谢春涛表示，这是一种“双面人生”。

（资料来源：《人民日报》（海外版）2015 年 3 月 20 日）

案例启示

以人为镜，可以明得失。贪图更多、更大的权力，而不履行相应的职责，对群众利益危害更深。贪权也是“贪”，而且比贪财的影响更深远。钱财虽宝贵，但是有再生性，可以通过努力打拼再去积攒。而权力不会这样，倘若一人一家垄断，会侵害群众的基本权利。钱财的失去是暂时的，权力的失去是致命的，因为权力也是公信力的一种体现。侵害群众利益，公信力不在，谈何“权力”这一词？上面案例中的领导干部也不是一开始就被权力、利益蒙蔽，而且随着权力的增大，他们对自己的约束力减弱，再加上一些社会不良因素的引导，最终走上一条不归路。他们危害的不只是一个人，而是一个很大的社会群体。

深度思考

1. 如何把权力关进制度的笼子里？

2. “双面人生”隐含着怎样的官僚主义？

3. 领导干部应当如何用好、行使好自己手中的权力？

第十七种　不团结

团结是什么？团结就是力量。民族团结，推动着中华民族大发展大繁荣；军民团结，巩固着伟大祖国的钢铁长城；人民团结，推动着国家强盛和社会进步。团结出凝聚力，出生产力，出战斗力，团结可以战胜艰难险阻，创造人间奇迹。新时代共产党员讲团结要警惕“假团结”。

经典论述

懂团结是真聪明，会团结是真本领。团结出凝聚力，出战斗力，出新的生产力，也出干部。在团结问题上，“一把手”更应带好头，起好表率作用。那些“孤家寡人”、包打天下的“超人”，是不能长久的。只有靠“众人拾柴”和“三个臭皮匠”之力，靠大家帮衬，工作才能做好。

——习近平：《打好“团结牌”》（2003 年 11 月 11 日），《之江新语》，浙江人民出版社 2007 年版，第 21 页。

无论是上寄宿学校，还是下乡和参加工作，我都深深感到：凡事团结处理得好，工作都能做得比较好；凡事团结处理不好，就都做不好。特别是后来上山下乡到陕北，远在千里之外，举目无亲，靠的就是团结。

——习近平：《我是怎样跨入政界的》，《中华儿女》2000 年第 7 期。

团结就是力量，团结才能胜利。全面建设社会主义现代化国家，必须充分发挥亿万人民的创造伟力。全党要坚持全心全意为人民服务的根本宗旨，树牢群众观点，贯彻群众路线，尊重人民首创精神，坚持一切为了人民、一切依靠人民，从群众中来、到群众中去，始终保持同人民群众的血肉联系，始终接受人民批评和监督，始终同人民同呼吸、共命运、心连心，不断巩固全国各族人民大团结，加强海内外中华儿女大团结，形成同心共圆中国梦的强大合力。

——习近平：《高举中国特色社会主义伟大旗帜 为全面建设社会主义现代化国家而团结奋斗——在中国共产党第二十次全国代表大会上的报告》（2022 年 10 月 16 日），人民出版社 2022 年版，第 70 页。

《之江新语》一书中有这样一段话：懂团结是真聪明，会团结是真本领。团结出凝聚力，出战斗力，出新的生产力，也出干部。在团结问题上，“一把手”更应带好头，起好表率作用。那些“孤家寡人”、包打天下的“超人”，是不能长久的。只有靠“众人拾柴”和“三个臭皮匠”之力，靠大家帮衬，工作才能做好。

一、党员领导干部必须把团结作为一种能力来锻炼和培养

团结力是领导干部必须具备的政治能力。第一，同党中央保持高度一致是最大政治能力。以习近平同志为核心的党中央是全党全国人民的领导核心，党员领导干部要在思想上政治上行动上同党中央保持高度一致，切实增强政治意识、大局意识、核心意识、看齐意识。做到政令畅通，令行禁止，步调一致，真正做到下级服从上级，全党服从中央，紧密团结在以习近平同志为核心的党中央周围。第二，把党的路线、方针、政策顺畅高效地落实好执行好是最强的政治能力。领导干部要具有高度的政治敏感性和强烈的责任感，接到上级党委政府的指示和交办的工作，必须在第一时间起动执行，加快工作节奏，理顺工作关系，打破制约和操作瓶颈，形成相关部门的共识与合力，保质保量按时完成任务，这是面对新形势、完成新任务、开创新局面应具有的思想觉悟和政治品格，是服从党的领导干人民的事业的执行能力。

团结力是把广大干部群众的言行统一到各级党委、政府的工作部署上来的凝聚能力。一是凝聚人心的能力。人心齐泰山移，要凝聚人心，领导干部要下基层接地气，站在群众立场看问题、做事情，有事与群众

商量，听取群众的意见。一切为了群众，一切依靠群众，就会取得人民群众的信任和支持，人民群众的智慧和力量就会被激发出来，就会形成强大凝聚力。二是形成非权力权威和人格魅力的能力。党员领导干部要树立非权力权威和人格魅力，成为广大人民群众的精神领袖，做到大事讲原则，小事讲风格。形成大局、大爱、大节的非权力权威，用阳光心态看待自己、同事、下属、领导，善于团结曾经有过分歧、有过意见甚至反对过自己的人一起工作，善于驾驭比自己能力强的人并与其在一起工作，善于培养能力不如自己的人并与其一起工作，具有把追随者培养成领导者、把反对者变为朋友的能力。做到坚持原则给人以正义感，作风正派给人以公德感，言行一致给人以楷模感，使人感到与你一道工作是快乐而自豪的事情。三是成为本职工作的行家里手的能力。对于本职工作，领导干部对本职工作要具备高远的战略眼光和精益求精的业务素养，注重创新，做专家型、学者型干部，爱岗敬业，成为行家里手，成为精于管理又懂业务的复合型领导干部。

二、党员领导干部必须把团结作为一种文化来继承和弘扬

团结就是力量：党的团结、民族的团结、人民的团结是推进中国特色社会主义伟大事业的力量源泉。党的团结形成坚强的领导核心，成为全国人民的主心骨，党的团结产生领导力量；只有民族团结，社会才会稳定和谐，经济才能快速发展。各族人民大团结是中国特色社会主义伟大事业的基础，只要 14 亿多中国人万众一心、众志成城就会产生无比巨大的力量，这就是中华民族伟大复兴的力量源泉。《尉缭子 · 二十四篇》讲：“一人拼命，百夫难挡，万人必死，横行天下！”汉高祖刘邦之所以得天下，得力于汉初三杰：“运筹帷幄之中，决胜千里之外”的军师张良，“总理国家，安抚百姓，保障军队供给”的丞相萧何，统率“百万大

军，战必胜、攻必取”的大将韩信，这三个人与刘邦密切合作，对中国历史的发展产生了巨大的推动力量，最后建立西汉王朝。所以，必须吸取“三个和尚没水喝”的教训，不团结就什么事情也干不成干不好，团结就是力量。

团结就是形象：一是民族团结国家形象好。民族团结的国家，其国际形象就好，国际地位就高，对世界的贡献就大，在国际社会和国际事务中就有话语权、影响力、主导力和号召力。二是班子团结形象好。班子团结就会形成单位的核心领导力量，在群众中就有威信，群众就支持，就能做好本单位、本部门的工作，工作开展就顺利，工作效率就高，成绩就大，社会地位就高，公众形象就好。三是党群团结公众形象好。我们党的最大政治优势是密切联系群众。只要做到立党为公，执政为民，关心群众疾苦，与人民群众同呼吸共命运，始终保持党同人民群众的血肉联系，党就有号召力、凝聚力和战斗力，党在人民群众中的威信就高，形象就好。

团结就是方向：一是构建和谐社会需要团结。民族团结、国家振兴，单位团结、干好工作，家庭和睦、生活幸福。人人团结、和谐相处、政通人和是人们自古以来奋斗的方向和不懈追求的理想，只有政通人和才能百业俱兴，和谐社会才能实现。二是实现社会主义核心价值观需要团结。在社会主义核心价值体系下，思想统一、步调一致，心往一处想，劲往一处使，汗往一处流，拧成一股劲，抱成一个团，就会产生强大的凝聚力和战斗力。三是构建良好的机关文化需要团结。积极向上的机关文化的灵魂就是和谐团结。懂团结是大智慧，会团结是大本事。要珍惜团结，发扬民主，讲究原则，严明纪律，顾全大局，遇事多商量，有难多帮忙，做到干事业一条心、抓工作一盘棋。

三、党员领导干部必须把团结作为一条纪律来遵守和执行

纪律是团结的保证。党章的“四个服从”是实现团结的组织原则，党员个人服从党的组织，少数服从多数，下级组织服从上级组织，全党各个组织和全体党员服从党的全国代表大会和中央委员会。坚持“四个服从”，能够确保从中央到地方的政令畅通。

团结是党的生命。一是利用组织纪律手段维护党的团结。破坏党的团结就是危害党的生命，对无原则搞不团结、搬弄是非、传播流言、破坏组织团结影响恶劣的，要本着“党要管党，全面从严治党”的原则，坚决采取批评教育、行政处罚、组织调整、纪律处分等形式进行严肃处理。二是把团结作为考核领导干部的重要内容。对领导干部团结状况进行量化考核，使其作为提拔重用和奖励的重要条件。不能提拔重用不搞好团结的同志，树立正确的舆论用人导向。引导大家不利于团结的话不说，不利于团结的事不做。

典型案例

一团和气无原则　放任不管须追责

近年来，湖北省地税系统的党风廉政建设频频亮红灯。有的地税局违规发放节日补助被通报，有的地税局兴建豪华办公楼被曝光，甚至还有一个地税局的干部在陪领导喝酒后猝死。地税系统问题频发，省纪委监察厅有关领导与时任湖北省地税局党组书记许建国进行约谈，督促其切实担负起主体责任。

2015 年 4 月至 5 月，湖北省落实中央八项规定精神检查组在抽查中发现，全省地税系统领导班子成员办公用房面积超标问题十分突出，超标率竟然超过 60%！中央和湖北省委三令五申要求清理整改办公用房面

积超标问题。而湖北省地税局原党组书记、原局长许建国也曾做出了一些表面反应，会也开、话也讲；对于系统内的一些有问题的人员，他也批评教育、诫勉谈话，但是板子高高举起，却轻轻放下。许建国是一个学者型官员，在工作业务上他的能力还是被认可的，但是在对税务系统党员干部的监督管理上却睁一只眼闭一只眼，对有问题的领导干部放任不管，有了问题不严肃处理，搞无原则一团和气，班子组织涣散、纪律松弛，影响极坏。

2015 年 6 月 26 日，许建国因落实主体责任不力、执行中央全面从严治党精神不到位被免去职务。对于这样的结果，许建国后悔不已。

（资料来源：《要把严守党的政治纪律和政治规矩排在首位》，中央纪委监察部网 2015 年 10 月 22 日）

案例启示

以上案例中，作为主要负责人的许建国对地税系统内存在的问题睁一只眼闭一只眼，对出现的问题不作出严肃处理，搞一些无原则一团和气，这是工作中典型的形式主义，表面看似一团和气，实则暗藏很大的危机，其最终受到党组织的处理。在党内一些组织中，无原则一团和气之风盛行。班子成员看到问题不批评，相互之间你好我好他也好……久而久之，带坏了风气，损害了集体，危害了个人。一团和气的“好人主义”滋长党员干部不负责任的态度和作风，是缺乏党性原则的表现，全面从严治党决不允许搞无原则一团和气。《中国共产党纪律处分条例》明确了“党员领导干部对违反政治纪律和政治规矩等错误思想和行为放任不管，搞无原则一团和气，造成不良影响”，“违反党的优良传统和工作惯例等党的规矩，在政治上造成不良影响”等违反政治纪律和政治规矩的行为，并对处分情形作了明确规定。我们追求的团结是建立在党性原则基础上，同志们掏心见胆、并肩奋斗的真团结；而不是那种表面一团和气、实际上相互较劲设防的假团结。有识大体、顾大局的担当，有敢于揭短亮丑的勇气，有诚恳帮助同志、维护班子团结的觉悟，我们就能用好批评和自我批评这个武器。

习近平总书记指出："懂团结是真聪明，会团结是真本领。团结出凝聚力，出战斗力，出新的生产力，也出干部。"应该说，对于班子团结的重要性，各级班子的认识是明确的，然而在各级地方班子中仍然有一些"内耗"班子。形成这种状况的原因是多方面的，缺乏团结能力是主要原因。要提高班子的团结能力，破解这种内耗现象，要从以下四方面入手。

一、明确角色定位

班子成员所处位置不同，所承担的角色、责任不同，在团结能力建设中应明确角色定位。正职要提高"统"的能力，发挥"帅"的作用。一是对副职要放心放手。有些"一把手"在班子中唯我独尊，决策时搞"一言堂"，副职成了"附职"；工作推进上一把抓，事无巨细件件过问，事必躬亲，结果不仅削弱了自身统揽全局、驾驭全局的能力和权威，也使副职失去了实践锻炼机会，影响和挫伤了副职的积极性、创造性，导致上下级离心离德。"一把手"要相信副职，放手使用副职，让副职有职有权，为副职创造展示才能的空间、发挥作用的机会、建功立业的平台。同时，"一把手"既要交任务、提要求，又要教办法，当副职在工作中遇到困难时，"一把手"要帮助解决；当副职在工作中出现失误时，"一把手"要帮助总结教训，主动承担责任，减轻副职的压力。"一把手"要有海纳百川的胸怀，善于在异中求同。决策中出现不同声音是正常的，"一把手"要尊重和包容不同意见，并善于从"不同"中找出"共同"。副职要提高"做"的能力，发挥"将"和"相"的作用。副职要守规矩，甘当配角，服从"一把手"领导，协助"一把手"做好工作。在具体工作中，要在出“大主意”上动脑筋，在做小事情上下功夫。“一把手”最忌讳的是最需要副职参谋的时候副职拿不出办法。一个好副职在谋不在勇，多跑路子不如多出点子，还要做好“小事情”，也就是具体事项的落实，这是对“一把手”最大的支持和最好的负责。总之，副职要把握好自己的角色定位，做到不缺位、不越位，拉好手中琴，演好协奏曲。

二、进行科学分工

班子成员的工作态度，决定了班子整体功能的强弱。而分工是否科学、是否合理合情，是影响和决定班子成员作用发挥的一个重要因素。实践中，要把握以下原则：一是把握个性。分其所长。每个班子成员都各有所长，要以最大限度调动班子成员的积极性创造性为目的。分其所愿。在不是原则问题、不是刚性规定的情况下，分工时尽量照顾个人要求，适当考虑资历、经历等因素。不能笼统地把个人欲望的表达、个性的张扬视为“组织观念不强”和“缺乏大局意识”。分其所能，既要考虑个人所愿，也要看个人所能。比如林区防火，既苦又累又危险，对分管领导的第一要求就是年富力强。分工时还要考虑干部的潜能，不仅要看一个干部过去做什么、喜欢做什么、能做好什么，还要着眼于他的未来发展，不拘泥于固有的思维和固有的做法。二是重在互补。班子成员不仅各有所长，也各有所短。分工时既要注重个人的独立性，又要考虑班子的互补性，长短搭配，以长补短，避免出现“一加一小于二”的情况。在具体操作中，一是能力上以强补弱。比如党委班子中分管常委对农业业务不熟，政府班子在分工时就要安排这方面业务精、能力强的成员分管。二是性格上以柔克刚。性格刚烈的人直率、干脆、利落，行事果断，但往往也有固执的一面，分工时尽量安排性格柔的与其搭配。作风上以静制动。有人抓工作风风火火，有人喜欢润物细无声的方式。分工时，将这两种风格的成员搭配在一起，相互影响，相互制约，既有利于工作又有利于干部成长。

三、加强沟通协调

每个班子成员都希望在一个既有民主又有集中、既有纪律又有自由、既有统一意志又有个人心情舒畅的集体工作，但不团结的问题依然存在。究其原因，很多出自于协调沟通环节。要凝聚班子合力，必须增强班子成员的协调沟通能力。在工作推进中加强协调沟通，在落实中凝聚合力。要重点抓好两方面沟通协调工作：一是常规性工作的沟通协调。有的班子成员怕做沟通工作被怀疑是打探他人工作上的秘密；有的觉得沟通的度不好把握，聊浅了没滋味，聊深了，说自己工作中的困难和烦恼，担心被人说无能。出于这些原因，班子成员在工作上基本处于相互封闭状态。要从帮助班子成员卸掉思想包袱开始，从党政班子“一把手”做起，以上带下，推动副职间的交流，推动党政班子成员间的交流。班子成员在沟通和交流中发现一方工作中的苗头性问题时，要及时提醒；工作遇到困难时，要帮助想办法，若确实需要，还要尽己所能提供人力物力帮助，做到身在本职，心怀全局。二是对重点工作推进的沟通协调。这方面工作多具有集中性、全局性，往往涉及多位班子成员、多个部门单位，协调沟通尤为必要。推进中，牵头成员不仅要向“一把手”经常汇报，还要经常与参与推进的其他成员交流进展情况，特别是在需要调动非主管部门人财物时，更要提前与其主管成员沟通。

四、坚持有原则的团结

班子所追求的团结，是高质量的团结、有原则的团结。要建设健康向上的团结班子，必须坚持以下原则。一是靠强烈的责任感促进团结。班子成员要始终把精力用在想大局、谋大计、成大事上，真正把自己的荣辱融入党的事业之中。有了这样的共同信念、共同追求、共同目标，班子成员才能建立真正的合作关系，做到合心合手。二是靠对党的忠诚保证团结。要加强党性修养，不断提高政治素质和理论素质，不断缩小班子成员在素质上的差异，这样在认识研究的问题角度和深度上才能产生共同点，班子决策才容易达成共识，班子成员才能在政治上成为名副其实的志同道合的同志。三是靠制度保障团结。列宁曾经说过，如果我们的制度是铁的而不是钢的，就无法保证战斗力。要实现班子团结，保证班子的凝聚力，就要发挥制度的刚性作用，约束班子成员用制度规范自己的言行。在严肃纪律的同时，我们还应看到现行的某些制度还存在弹性过大、号召性语言多、规范性弱、约束性低、可操作性不强等问题。针对这些问题，我们要坚持：上级已有明确规定的，坚决执行；有原则规定的，细化明确；没有规定的，建立健全。比如，围绕对民主集中制和集体领导制度的有效执行，要建立健全议题确定制度、预案准备制度、程序运行制度、民主监督制度、违规追究制度，把班子成员贯彻执行民主集中制的情况作为考核班子、班子成员的重要内容。

（资料来源：张悦文：《破解领导班子内耗须提高团结能力》，人民网—理论频道 2018 年 6 月 13 日）

深度思考

1. 应如何看待个别领导班子间不团结的现象？

2. 解决领导干部不团结问题的措施有哪些？

3. 应从哪些方面增强团结意识？

第十八种　搞宗派

结党营私、拉帮结派是宗派主义的一种典型表现，我国自古有之。在我们党的不同历史时期，宗派主义都以不同的形式存在过。我们党始终同宗派主义进行坚决斗争，对结党营私、拉帮结派的危害保持高度警觉。延安整风运动的一个重要任务，就是反对搞团团伙伙、拉帮结派。正是因为结党营私、拉帮结派与我们党的性质、宗旨水火不相容，所以必须坚决遏制、彻底铲除；正是因为纪律严明是我们党的光荣传统和独特优势，所以党内决不允许有宗派组织和宗派主义现象存在。只有这样，我们党才能建设成为一个政治坚定、组织严密、有铁的纪律的马克思主义政党。

经典论述

我们的学风还有些不正的地方，我们的党风还有些不正的地方，我们的文风也有些不正的地方。所谓学风有些不正，就是说有主观主义的毛病。所谓党风有些不正，就是说有宗派主义的毛病。所谓文风有些不正，就是说有党八股的毛病。这些作风不正，并不像冬天刮的北风那样，满天都是。主观主义、宗派主义、党八股，现在已不是占统治地位的作风了，这不过是一股逆风，一股歪风，是从防空洞里跑出来的。

——毛泽东：《整顿党的作风》（1942 年 2 月 1 日），《毛泽东选集》第三卷，人民出版社 1991 年版，第 812 页。

党内绝不允许搞团团伙伙、结党营私、拉帮结派，搞了就是违反政治纪律。

——习近平：《在第十八届中央纪律检查委员会第五次全体会议上的讲话》（2015 年 1 月 13 日），《习近平关于严明党的纪律和规矩论述摘编》，中央文献出版社、中国方正出版社 2016 年版，第 26 页。

一个地方要实现政通人和、安定有序，必须有良好政治生态。政治生态污浊，就会滋生权欲熏心、阳奉阴违、结党营私、团团伙伙、拉帮结派等一系列问题，侵蚀党的思想道德基础。

——《习近平谈政治生态》，《人民日报》（海外版）2017 年 3 月 22 日。

山头主义、宗派主义并非新冒头的问题。在我们党的不同时期，这种带有个人主义、小团体主义的错误倾向有过不同表现，曾对党造成严重的危害。因此，我们党对这些错误倾向一直高度警惕、坚决打击。党的十八大以来，反腐力度史无前例、成效备受世界瞩目，我们党以铁腕反腐的决心和行动向世人证明：中国共产党与腐败水火不容。然而，“反腐败斗争形势依然严峻复杂”，党的十九大报告强调把党的政治建设摆在首位……坚决防止和反对宗派主义、圈子文化、码头文化……这说明老问题有了新表现，危害不容小觑，全面从严治党须臾不可松懈。党的十八大以来，以习近平同志为核心的党中央反复强调：“坚决防止山头主义和宗派主义危害党的团结、破坏党的集中统一。”

一、宗派主义的表现

宗派主义，是指党内存在的一种以宗派利益为出发点的思想和行为，是封建宗派思想，资产阶级和小资产阶级思想在组织上的表现。拉山头、搞宗派是封建宗法社会的遗毒，危害巨大。最大的危害就在于破坏党的集中统一，疏离党和人民群众的关系，削弱党的向心力、凝聚力、战斗力，是害党、误国、毁军、坑民的政治毒瘤。这不是危言耸听，在党和国家的历史上真实存在和发生过。时至今日，我们仍需打起十二分精神防止、禁绝各种山头主义、宗派主义的变相变种、滋长蔓延。

关于宗派主义，毛泽东同志说过一个很形象的比喻：中国的社会经济情况使得我们党里有很多的“剧团”，说得粗一点就是有好多“戏班子”；在一个班子里，不论是唱主角的，唱配角的，跑龙套的，他们都是很亲热的，并且有个原则：我这个班子可以批评你那个班子，但是你那个班子不可以批评我这个班子，这就叫宗派主义。关于宗派主义的实质，毛泽东同志指出，宗派主义是主观主义在组织关系上的一种表现；我们如果不要主观主义，要发展马克思列宁主义实事求是的精神，就必须扫除党内宗派主义的残余，以党的利益高于个人和局部的利益为出发点，使党达到完全团结统一的地步。同时，毛泽东同志还指出，一切宗派主义思想都是主观主义的，都和革命的实际需要不相符合，所以反对宗派主义和反对主观主义的斗争，应当同时并进。毛泽东同志通过剖析闹独立性问题和脱离群众问题，分析了宗派主义的主观主义性质及其严重危害。

延安整风时期，毛泽东同志在《整顿党的作风》一文中着重提出需要克服宗派主义的问题。宗派主义主要表现为：在党内关系上，不能正确对待党和个人的关系，往往把个人利益摆在第一位；在组织上，任人唯亲，拉拢一些人，排挤一些人；在同志中吹吹拍拍，拉拉扯扯，把资产阶级的庸俗作风搬进党里来；只强调局部利益，不顾整体利益，只要民主，不要集中，不遵守个人服从组织、少数服从多数、下级服从上级、全党服从中央的民主集中制原则，在党内搞小圈子，进行无原则的派别斗争；在党与非党的关系上，妄自尊大，骄傲自满，不尊重人家，不学习人家的长处，不愿和人家合作等。党内宗派主义倾向，对内产生排内性，妨碍党的团结和统一；对外产生排外性，妨碍党团结全国人民。为了建设一个集中统一有战斗力的党，必须反对党内关系和党外关系上的宗派主义。

1944 年 3 月，郭沫若在重庆发表《甲申三百年祭》，叙述李自成农民起义军攻入北京推翻明朝以后，若干首领腐化并发生宗派斗争，以致陷于失败的过程。毛泽东同志很看重这篇历史论著，1944 年 11 月，他在给郭沫若的回信中表示："你的《甲申三百年祭》，我们把它当作整风文件看待。小胜即骄傲，大胜更骄傲，一次又一次吃亏，如何避免此种毛病，实在值得注意。”

从个人私利和局部利益出发是宗派主义的主要特征，宗派主义者总希望通过自己的“山头”巩固和发展自己的私利，最终走向党和人民的对立面，结果总是害人害己、使党和人民蒙受损失。2014 年 1 月 14 日，习近平总书记在十八届中央纪委三次全会上发表讲话时强调：“党内决不能搞封建依附那一套，决不能搞小山头、小圈子、小团伙那一套，决不能搞门客、门宦、门附那一套，搞这种东西总有一天会出事！有的案件一查处就是一串人，拔出萝卜带出泥，其中一个重要原因就是形成了事实上的人身依附关系。在党内，所有党员都应该平等相待，都应该平等享有一切应该享有的权利、履行一切应该履行的义务。”宗派主义者只联系自己的实际，不联系人民群众的实际；只谋求自己的发展，不谋求党和人民事业的发展。这样的人必然没有好结果。

任何人不要认为自己进了所谓的“圈”、入了所谓的“伙”，一切就万事大吉，可以高枕无忧，就有了保护伞，可以逍遥于党纪国法之外了。历史的经验一次次证明，搞山头主义、宗派主义那一套无异于搬起石头砸自己的脚，终将自食恶果。党的十八大以来全面从严治党重拳出击，铲除了一批“山头”“宗派”，就是明证。实践证明，在以习近平同志为核心的党中央坚强领导下，任何人企图搞山头主义、宗派主义那一套都将受到严肃查处，都将遭到历史和人民的唾弃。

二、发展积极健康的党内政治文化

《中共中央关于加强党的政治建设的意见》为加强党内政治文化建设提供了根本遵循，明确要求：“大力倡导清清爽爽的同志关系、规规矩矩的上下级关系、干干净净的政商关系，弘扬正气、树立新风。”“坚决抵制庸俗腐朽的政治文化，自觉抵制商品交换原则对党内生活的侵蚀，狠刹权权交易、权钱交易、权色交易等不正之风，破除关系学、厚黑学、官场术等封建糟粕，坚决防止和反对个人主义、分散主义、自由主义、本位主义、好人主义，坚决防止和反对宗派主义、圈子文化、码头文化。”通过加强党内政治文化建设，让党所倡导的理想信念、价值理念、优良传统深入党员、干部的思想和心灵。

认清宗派主义、山头主义的性质和危害，就要旗帜鲜明地反对宗派主义和山头主义。这首先就要打牢党内政治文化这个基础。党内政治文化是政治生活的根基。习近平总书记曾说，有的干部信奉拉帮结派的“圈子文化”，整天琢磨拉关系、找门路，分析某某是谁的人，某某是谁提拔的，该同谁搞搞关系、套套近乎，看看能抱上谁的大腿。“圈子文化”是宗派主义、山头主义的滋生土壤和文化心理基础。反对宗派主义和山头主义必须加强党内政治文化建设，抵制和反对关系学、厚黑学、官场术、“潜规则”等庸俗腐朽的政治文化，不把坚守党性当成“古板”，不把独善其身视为“无能”，不把经营关系当作“时尚”，不把拉帮结派视为“能耐”，大力倡导和弘扬忠诚老实、光明坦荡、公道正派、清正廉洁的价值观，培养良好的政治生态土壤。

三、坚定理想信念，对党忠诚

“欲事立，须是心立。”反对宗派主义和山头主义就要立足对党绝对忠诚这个根本。共产党员立心要立对党绝对忠诚之心，关键是要有坚定的理想信念。对党绝对忠诚，必须纯粹，必须是“唯一的、彻底的、无条件的、不掺任何杂质的、没有任何水分的忠诚”。对党忠诚，不是抽象的而是具体的，不是有条件的而是无条件的，必须体现到对党的信仰的忠诚上，必须体现到对党组织的忠诚上，必须体现到对党的理论和路线方针政策的忠诚上。对党忠诚，就要做到党叫干什么就干什么，党不允许干什么就坚决不干，在任何时候任何情况下都能在思想上政治上行动上同以习近平同志为核心的党中央保持高度一致，反对搞两面派、做“两面人”；就要维护党的团结，坚持五湖四海，团结一切忠实于党的同志；就要遵守组织程序，服从组织决定，不搞非组织活动；就要增强政治意识、大局意识、核心意识、看齐意识，并且切实落实到行动上，始终把党的利益置于个人和局部利益之上，自觉维护党的团结统一。

“木受绳则直，金就砺则利”，反对宗派主义和山头主义还要抓住严明党的纪律这个关键。纪律严明是全党统一意志、统一行动、步调一致前进的重要保障。搞宗派主义和山头主义违反了党的纪律规矩，反对宗派主义和山头主义必须把纪律挺在前面，强化纪律的刚性约束，对那些违反纪律、投机取巧、拉帮结派、搞团团伙伙的人严格防范，依纪依规处理。他们敢于并且能够占山头、搞圈子，原因还在于权力的脱缰和监督机制的失灵。严明纪律就要强化制度治党，把权力关进制度的笼子，让党内监督、法律监督和公众监督充分发挥作用，让纪律要求成为带电的高压线，谁触碰了就要付出代价。这样一来，宗派主义、山头主义就会失去存在的土壤，“小团伙”“小山头”的聚合力就难以形成，风清气正的政治生态就会逐渐形成，团结统一的政治局面就会更加巩固。

四、坚决做到“两个维护”

党是最高政治领导力量，党的领导是中国特色社会主义最本质的特征，是中国特色社会主义制度的最大优势。加强党的政治建设，必须坚持和加强党的全面领导，完善党的领导体制，改进党的领导方式，承担起执政兴国的政治责任。

第一，坚决做到“两个维护”，保证全党团结统一、步调一致。事在四方，要在中央。党的十八大以来，党和国家事业取得历史性成就、发生历史性变革，根本在于有习近平总书记掌舵领航，有党中央集中统一领导。习近平总书记在领导新时代党和国家事业发展中，在审视和把握日益错综复杂的国内外发展大势中，在带领全党全国各族人民奋进新时代的伟大实践中，战略判断高瞻远瞩，政治领导娴熟高超，人民情怀真挚博大，历史担当强烈坚定，是深受信赖和拥戴的党中央的核心、全党的核心。坚决做到“两个维护”，是党的十八大以来我们党的重大政治成果和宝贵经验，是我们党最重要的政治纪律和政治规矩，是保证全党团结统一、步调一致，也是新征程上坚决战胜各种困难和挑战、依靠顽强斗争打开事业发展新天地的根本政治保证。《中共中央关于加强党的政治建设的意见》通篇贯彻和体现“两个维护”这一根本要求，指出：“坚持和加强党的全面领导，最重要的是坚决维护党中央权威和集中统一领导；坚决维护党中央权威和集中统一领导，最关键的是坚决维护习近平总书记党中央的核心、全党的核心地位。”

第二，坚决做到“两个维护”，要思想自觉政治自觉行动自觉。党员干部尤其是领导干部要带好头、作示范，从历史和现实、理论和实践、国内和国际的结合上深刻认识、强化认同，不断增强拥护核心、跟随核心、捍卫核心的思想自觉政治自觉行动自觉，始终同以习近平同志为核心的党中央保持高度一致，做到党中央提倡的坚决响应、党中央决定的坚决执行、党中央禁止的坚决不做。

第三，坚决做到“两个维护”，要严肃党内政治生活。严肃党内政治生活，既是党的政治建设的重要任务，又是加强党的政治建设的基本途径。要以党章为根本遵循，严肃党内政治生活。党支部书记必须以身作则，带头严格执行《关于新形势下党内政治生活的若干准则》，模范遵守党章党规，要把坚决做到“两个维护”作为首要政治纪律，主持好党支部工作，提高“三会一课”质量，落实谈心谈话、民主评议党员和主题党日等制度，坚持和完善重温入党誓词、党员过“政治生日”等政治仪式，使党内生活庄重、严肃、规范，努力给基层营造良好政治生态。让基层干部、党员参加党内政治生活成为一种自觉，作为一种习惯，形成一种责任。

第四，坚决做到“两个维护”，要坚决反对当面一套背后一套、做两面人。衡量干部是否有理想信念，关键看是否对党忠诚。干部要忠诚干净担当，忠诚始终是第一位的。各级党组织还要持续深入开展忠诚教育，教育督促党员干部始终对党忠诚老实，要以正确的认识、正确的行动坚决做到“两个维护”，坚决防止和纠正一切偏离“两个维护”的错误言行，不得搞任何形式的“低级红”“高级黑”，决不允许对党中央阳奉阴违做两面人、搞两面派、搞“伪忠诚”。

典型案例

国企不是任何人的“独立王国”

将企业账户当作私人“提款机”、专断决策造成资产流失、选人用人唯亲唯利……前不久，媒体披露了抚矿集团原党委书记、董事长尹亮严重违纪违法案件警示录，令人触目惊心。

党的十八大以来，党中央铁腕整治国企腐败问题，中央巡视组实现了对中管国有重点骨干企业巡视全覆盖，各省区市巡视组对所属国有企业进行全方位“体检”。从近年来查处的案件中可以发现，少数国企领导人员把个人权威凌驾于企业和党组织之上，把企业当成个人的“独立王国”，不仅带歪了风气、带坏了队伍，自己也走上违法乱纪的邪路。

这些国企领导整日感觉自己像“国王”，犹如螃蟹走“霸王步”，在企业内部“老子天下第一”。有的独断专行、一手遮天，尹亮在忏悔材料中写道：“对任何问题都十分自信，开会时先下结论再征求意见，特别是脾气渐长，不愿听反对声音，身上霸气十足。”有的疯狂敛财、肆无忌惮。日照港集团有限公司原党委书记、董事长杜传志违纪金额达 1.5 亿余元，其藏匿财物的屋里，高档烟酒、黄金饰品、象牙玉石堆得到处都是。有的人拉帮结派、搞团团伙伙。中石油集团原董事长蒋洁敏处心积虑构建“石油帮”，对中央决策部署阳奉阴违……“目无党纪国法、目无组织、目无群众”，用“三无”给这些国企领导人员画像，毫不为过。

冰冻三尺，非一日之寒，“独立王国”也不是一天形成的。一段时间以来，有的国企大小事宜习惯“内部运行”，有的国企纪检组多年不办一起案件、不查处一名违纪党员。一些国企领导人员错误地认为自己“背靠大树”，手拿“内部粮票”，摆出一副“顺我者昌，逆我者亡”的专横模样。久而久之，企业成为“水泼不进、针扎不进”的“独立王国”。“王国”内部利益关系盘根错节，痼疾根深蒂固，政治生态遭到严重破坏，国有资产大量流失……究其根本，原因在于一些国企领导人员特别是“一把手”往往集人事权、财权、事权于一身，在“三重一大”等重大事项上很容易形成“决策拍板一言堂、财政花钱一支笔、选人用人一句话”的霸道局面。同时，对领导人员特别是“一把手”的监督存在盲区和空白，“上级监督太远、同级监督太软、下级监督太难”，导致民主集中制频遭破坏。

治理和防范“独立王国”问题，既要巡视监督“下猛药”，又要自我监督“治未病”。党的十八大以来的实践表明，巡视犹如一把高悬的利剑，使少数心存企图的国企领导人员无法“一手遮天”，感受到巡视的震慑力。今后仍应坚持巡视不动摇，针对国企特点创新巡视方式方法。

从长远看，还需进一步规范、约束国企领导人员权力运行模式和从业行为，在明确领导人员权力的同时，要强调其责任与义务，在领导班子内部形成权力制约结构。同时，进一步扎紧扎密制度铁笼，构建国企领导人员不敢腐、不能腐、不想腐的长效机制。

习近平总书记指出，任何人都不得违背党中央的大政方针、搞“独立王国”、自行其是。国企不是任何人的“独立王国”，任何试图走“霸王步”的人都将受到党纪国法的严惩。

（资料来源：《老总把企业账户当“提款机”？严惩！》，《人民日报》2018 年 4 月 9 日）

案例启示

国企是典型的搞“独立王国”重灾区，从案例中可以明显看出，国企“一把手”涉案扮演重要角色。因为国企“一把手”权力高度集中，人事、财务等可以一个人说了算，“一言堂”决策。看似没有制约力的“一把手”明目张胆地在自己的“地盘”搞自己的“独立王国”。国企“一把手”如同“土皇帝”，改革开放后的国企老总，权力大得惊人，能一手遮天，必然埋下了贪污腐败的隐患。上海医药（集团）有限公司原总裁吴建文在集团董事会和经理层，几乎“一人说了算”。在职期间，吴建文共受贿 35 笔，涉案金额高达 1187 万余元；他还通过挪用公款、隐瞒境外存款，牟取涉案金额高达 5100 余万元，权力大到不受任何制约。广发银行珠海分行原行长屈建国，因贪污受贿 3200 万元，被珠海市中级人民法院一审判处死缓。对屈建国通过各种手段变相套取公款的行为，分行的副行长、中层领导并非不知情，却无一提出反对意见，这种情况最根本的原因是单位内行长的权力大到不受任何制约。

国企的一些领导干部自恃自己贡献巨大、能力超强，于是就开始端起了架子，精于算计起来。一些领导干部不满足于现状，个人利益左右了思想，拿资历要待遇，组织没提拔有意见，岗位不满意有牢骚，待遇不合意有怨言，闹情绪撂挑子，搞软对抗；还有的领导干部，把分管领域当私人领地，针插不进、水泼不进，搞起“独立王国”，进行违反组织原则活动。这些种种行为严重影响了党在全国人民心中的形象，损坏了党的威信，侵害了集体利益。这已经敲响了警钟，不管处于什么样的情况、担任何职，都要确立贯彻以党中央领导为核心。

同党中央保持高度一致必须是全面的，在思想上政治上行动上全方位向党中央看齐，做到表里如一、知行合一；必须是具体的，不能光口头讲讲，要落实在各个方面、各项工作上；必须是坚定的，党中央提倡的坚决响应，党中央决定的坚决照办，党中央禁止的坚决杜绝，任何时候任何情况下都要做到政治立场不移、政治方向不偏。

深度思考

1. 如何理解搞宗派是严重违反政治纪律和政治规矩？
2. 身边有哪些大大小小的“宗派主义”？
3. 宗派思想对领导干部会有哪些危害？

第十九种　蜕化变质

一个干部腐化变质，几乎都是从小事不注意、小节不检点开始的。它和任何事物的发展一样，都经历一个从量变到质变的过程，都类似一场千里之堤、溃于蚁穴的悲剧。为什么守不住小节呢？一个最根本的原因就是不看重“小节”，对“小节”缺乏清醒的认识，往往认为喝点小酒、收点小礼、拿点小钱不是什么问题，但实际上，这就是一种腐蚀剂！小节失守，大节难保；小洞不补，大洞难堵。不虑于微，始贻大患；不防于小，终累大德。一些同志对此没有引起足够的重视，认为只要不犯大错误，不搞大腐败，犯点小错误，得点小实惠，于自己无伤大雅，于法纪有隙可乘。凡此种种，都是极其危险、极其有害、极其可怕的错误认识。

经典论述

我们也要清醒看到，党风廉政建设和反腐败斗争形势依然严峻复杂。从党的十八大以来查处的中管干部违纪违法案件看，腐败分子往往集政治蜕变、经济贪婪、生活腐化、作风专横于一身。

——习近平：《在第十八届中央纪律检查委员会第六次全体会议上的讲话》（2016 年 1 月 12 日），《人民日报》2017 年 1 月 5 日。

要多积尺寸之功。小事小节是一面镜子，小事小节中有党性、有原则、有人格。要牢记"堤溃蚁孔，气泄针芒"的古训，坚持从小事小节上加强修养，从一点一滴中完善自己，严以修身，正心明道，防微杜渐，时刻保持人民公仆本色。要慎独慎初慎微慎欲，培养和强化自我约束、自我控制的意识和能力，做到"心不动于微利之诱，目不眩于五色之惑"。要管好自己的生活圈、交往圈、娱乐圈，在私底下、无人时、细微处更要如履薄冰、如临深渊，始终不放纵、不越轨、不逾矩，增强拒腐防变的免疫力。

——《习近平引用的从政箴言》，《人民日报》（海外版）2018 年 4 月 4 日。

大是大非面前要讲原则，小事小节中也有讲原则的问题。中国是个人情社会，大家生活在社会上，都有亲戚、朋友、熟人、同事、上级、下属等，推进工作、解决问题时时都会面对原则和人情的选择。原则跟人情能够统一当然最好，但二者不能统一时我们要毫不犹豫坚持原则，决不能迁就人情。

——习近平：《努力成为可堪大用能担重任的栋梁之才》（2021 年 9 月 1 日），《求是》2022 年第 3 期。

党员干部“照镜子、正衣冠、洗洗澡、治治病”，需要把生活作风作为一个重要方面来认真加以检视。生活作风不是个人小事，而是事关党风廉政建设和党员形象的一个重要问题，反映出一个人的思想道德修养境界。有些党员干部作风蜕变、违纪违法，甚至跌入犯罪的泥潭无法自拔，往往就是从吃喝玩乐这些生活小事不检点开始的。培养良好的生活作风，一个重要方面就是减少应酬、净化交往圈。党员干部因工作需要参加一些应酬，无可厚非。但整天热衷于无休止的应酬交际，就会丧失自我。时下娱乐圈、生活圈、社交圈十分复杂，应酬过多，交往不慎，轻则影响工作学习，重则可能被一些别有用心者拉下水，误入歧途。试想，如果经常和一些不三不四的人搅在一起，灯红酒绿、觥筹交错、吃吃喝喝，怎能不影响本职工作？如果热衷于没完没了的应酬交际，怎能在原则问题上不徇私情坚持党性？如果在社交场合把持不住酒后失态，怎能不影响党员干部的形象？

一、生活情趣非小事，管好朋友圈

风成于上，俗形于下。领导干部的生活作风和生活情趣，不仅关系着本人的品行和形象，更关系到党在群众中的威信和形象，对社会风气的形成、对大众生活情趣的培养，具有“上行下效”的示范功能。这方面的逸事较多，有两则小典故至今读来仍有强烈的警示意义。一则是《宋人轶事汇编》记载：钱俶进宝犀带，太祖曰：“朕有三条带，与此不同。”俶请宣示，上笑曰：“汴河一条，惠民河一条，五丈河一条。”傲大惭服。另一则是《南村辍耕录·缠足》记载：李后主嫔妃窅娘纤丽善舞，后主令窅娘以帛绕脚，素袜舞云中，回旋有凌云之态。“由是人皆效之，以纤弓为妙……以不为者为耻也”。这两则典故一正一反，说明了领导人在生活细节上体现出来的态度，决不是小事。

一个领导干部的蜕化变质往往就是从生活作风不检点、生活情趣不健康开始的，往往都是从吃喝玩乐这些看似小事的地方起步的。如果领导干部在生活作风上不检点、不正派，在道德情操上打开了缺口、出现了滑坡，那就很难做到清正廉洁，很难对社会风气起到正面引导和促进作用。在当前复杂的社会环境下，各级领导干部要加强思想道德修养并注重培养健康的生活情趣，正确选择个人爱好，慎重对待朋友交往，明辨是非，克己慎行，讲操守，重品行，时刻检点自己生活的方方面面，始终保持共产党人的政治本色。①

二、把做人与做官统一起来

俗话讲，做官先做人，做人先立德；德乃官之本，为官先修德。还有，“百行以德为首”，“修其心治其身，而后可以为政于天下”，等等，这些讲的都是做人与做官、修身与立德的道理。古往今来，为官者“不患无位而患德之不修”，“不患位之不尊，而患德之不崇”。在历史的长河中，那些帝国的崩溃、王朝的覆灭、执政党的下台，无不与其当政者不立德、不修德、不践德有关，无不与其当权者作风不正、腐败盛行、丧失人心有关。领导干部也是一个普通的人，也是一个普通的百姓，要会做人，做好人，注意自己的言谈举止，珍惜自己的人格魅力，洁身自好，做一个有高尚品德的人。领导干部又不是一个普通的人，其一言一行对社会具有重要的导向作用。每一位领导干部都要清醒地认识到这一点，时刻以“君子检身，常若有过”的谦诚态度，常修为政之德，

① 参见习近平：《生活情趣非小事》（2007 年 2 月 12 日），《之江新语》，浙江人民出版社 2007 年版，第 261—262 页。

常思贪欲之害，常怀律己之心，在实践中把做人与做官统一起来，把学习与改造统一起来，把“立言”与“立行”统一起来，真正做到为民、务实、清廉，把做人的过程看作是完善自我人格、夯实从政基石的过程，把做官的过程看作提升政德境界、践行为民宗旨的过程，就像毛泽东当年号召共产党员的那样，把自己培养成“一个高尚的人，一个纯粹的人，一个有道德的人，一个脱离了低级趣味的人，一个有益于人民的人”。[①]

三、把小事小节作为一面镜子

于细微处见精神，于细微处也见品德。小事小节是一面镜子，能够反映人品，反映作风。小事小节中有党性，有原则，有人格。古人云，“堤溃蚁穴，气泄针芒”；俗话说，“巴豆虽小坏肠胃，酒杯不深淹死人”。这些揭示了由量变到质变的深刻哲理，也是一些腐败分子带给我们的深刻教训。大多数腐败分子是从不注意小事小节逐步走到腐化堕落境地的。在推杯换盏中放松了警惕，在小恩小惠面前丢掉了原则，在轻歌曼舞中丧失了人格，这样的例子并不鲜见。小事当慎，小节当拘，确是对领导干部的金玉良言。每名领导干部都应慎独慎微，在小事小节上加强自身修养，从一点一滴中自觉完善自己，懂得是非明于学习、境界升于自省、名节源于修养、腐败止于正气的道理，始终保持共产党员的本色。

四、弄清为什么蜕化变质，严守党纪法规

管党治党尤要关注、研究人是怎样蜕化变质、一步一步变坏的？很多人包括似乎“很精明”的领导干部，理论上可以讲得头头是道，而一旦涉及本人利益，往往就会晕头转向、不知所从。这正是全面从严治党、

① 习近平：《做人与做官》（2007 年 2 月 7 日），《之江新语》，浙江人民出版社 2007 年版，第 258—259 页。

党风廉政建设和反腐败斗争向纵深推进需要研究的一大课题，恐怕也是领导干部必须直面的人生考题。某些有本事、有能力，也做过一些有益工作的干部，为什么会在其人生巅峰急转直下，蜕化变质，违纪违法，乃至沦为阶下囚？这里至少可以引出这样几个话题。

第一，正确看待权力。权力是柄双刃剑，用得好，造福一方；用不好，则身败名裂。这，本来是个常识。常识之所以要反复说，是因为权力的魔力在很多时候会使某些人对常识视而不见、对常理听而不闻，这是潜在的大风险。在这方面，群众有一种调侃式的比喻——有的干部在糖衣炮弹面前，想的是既把糖吞了，又躲过炮弹。天下哪有这样的美事？经验表明，所有滥用的权力，一旦被金钱美色粘牢，就会变成无法摆脱的致命毒药，没有例外。

第二，正确看待贡献。有贡献就有荣誉，有作为才有地位，这没错。但是，贡献不能成为伸手捞钱的理由，作为不能成为挑战纪律的资本。有的地方、单位的领导，把事业发展起来，把企业振兴起来，紧接着就迷狂了："老子做了那么大贡献，吃点喝点拿点用点算啥嘛！"于是，和这个比，和那个比，越比心理越不平衡，越比越感到私吞多少都理直气壮。这些人也不想一想，没有党的领导，没有国家和社会的支持，没有那么多人一起奋斗，仅凭个人之力能有多么大的"贡献"？把个人的本事、贡献看得过大、过重，是最不清醒、最不明智的。

第三，正确看待升迁。有一种人只能捧着顺着，一路提拔重用，青云直上。一旦没有达到自己的目的，就怨天尤人、怒气冲天，对组织闹情绪、发脾气。这种人通常地位已经不低、权力已经很大，但由于个人欲望极度膨胀，怎样都不知足，也因此更容易滑向另一个极端——既然没有升官的机会，就狂敛滥捞，胡作非为，好像变了一个人。这类人不仅对自己缺乏正确认识，从本质上说，也是“三观”不正、典型的投机钻营分子。所以，功名利禄是一个不会骗人的镜子，考察和识别干部必须加试并看其能否通过这一关。

第四，正确看待晚节。干部自青年至壮年努力工作，清白做人，却栽在退休前，这样的案例不在少数。这说明，“善始不易，善终更难”。我们不必用“一世聪明，一时糊涂”这样的思路作“值与不值”的比较，而是说即使干部的人生阅历比较丰富，也未必都够抵得住诱惑、过得了廉洁关。现实中往往是，年龄大了，即将离开工作岗位，容易精神懈怠，容易放松对自己的要求，也容易“阴沟里翻船”。倘若退休前盘算着趁机捞一把“安度晚年”，在正风反腐持久高压的态势下，这样的“好事”已属痴心妄想。

功劳与错误之间、贡献与犯罪之间，没有可逾越的界限。功劳不能抵消错误，贡献不能抹掉罪行。虽然很多犯罪看似一念之差、肇于微末之迹，但细细查之，无不是因为判断上的荒谬和认识上的荒唐。不管职务多高、能力多强、贡献多大，一旦私欲膨胀，不能正确对待权力、荣誉、金钱等，栽大跟头是必然的。这，既是历史的教训，也是摆在面前的教训。

典型案例

低级趣味是党员干部蜕化变质的“烂药”

2014 年 3 月，湖北省某镇民政办主任王某某三次在该镇一家农家乐与该镇 2 名村支部书记等人“带彩”打麻将，每人输赢额在 300 元至 500 元之间。虽然不构成赌博犯罪，但违反了《中国共产党廉洁自律准则》相关规定，县纪委按照《中国共产党纪律处分条例》第 82 条的规定给予王某某党内严重警告处分，参与“带彩”打麻将的其他党员均被给予党内警告处分。

（资料来源：中国网 2015 年 12 月 15 日）

案例启示

“烂药”是慢性毒药的意思。当一个正常人被人下了毒药，器官被逐渐腐蚀，正常的生理机能被一次次破坏，正常人也就变得不正常起来。

低级趣味就犹如一剂“烂药”，时刻危及着党组织和党员干部。比如，有的党员闲来无事，被人一鼓动就去玩“带彩”的小赌博，赌瘾越来越大，赢了不想走，输了还想捞，结果越陷越深，没有钱就想着打公家的主意、想贪点、想借权力索取钱财做赌本或还赌债，一个好干部也就向经济违纪滑坡；有的人喜欢美女，痴迷美女，就千方百计想得到手，包养需要钱，就想方设法搞钱，这就是好色惹了祸事；有的干部喜欢钱，收小钱不过瘾，逐渐想“大钱”，结果被人检举揭发进了牢房；有些领导不喜欢钱，就喜欢各种收藏，这些“雅好”被一些有所求的人知道后，就千方百计“赠送”些值钱的名人字画、古玩等，渐渐地将有“雅好”领导拉下水，成为利益集团利用的工具。

由此可见，低级趣味是党员干部的大敌，像“狐狸精”一样将干部稀里糊涂“拉下水”，因此远离低级趣味是各级党组织对党员干部的一项基本要求。作为一名党员，要自觉加强党性修养，管好自己 8 小时以外的生活，抵御低级趣味的侵蚀，远离有低级趣味倾向的圈子和有低级趣味爱好的人士，避免出现“与不善人居，如入鲍鱼之肆，久而不闻其臭，亦与之化矣”这种糟糕的情况。

作为一级党组织，要按照属地管理的要求，平时加大教育力度，提高党员的党性修养；要加大对党员干部的监管力度，对各种圈子都要有所关注，对不慎踏入低级趣味圈子的党员干部要及时给予警告；要加大对已经有一定低级趣味人员的挽救力度，通过“打针”“输液”“解毒”，使这部分人能够悬崖勒马、洗心革面，重新做一名好党员；对于那些玩物丧志已经“病入膏肓”的党员干部，只有用党纪国法让他们在监狱的大牢中“重新做人”。

作为一级党委、政府，要以精神文明建设和加大打击力度的两手，将各种“烂药”捣毁，将各种制造“烂药”的人绳之以法，匡正一个地方的社会风气，这样低级趣味自然灰飞烟灭、不复存在，想出来害人都没有机会。

领导干部要以身作则，克己慎行改进生活作风。领导干部生活作风问题关乎党的形象和命运，关系国家能否长治久安。领导干部的生活作风，是指领导干部在处理私人事务和家庭事务、处理和他人的非工作性质的社会交往事务等一切“八小时以外”的生活中的行为和态度。领导干部是人民的公仆，在社会主义事业建设中发挥组织、领导作用，在广大人民群众中具有表率作用，领导干部身份地位的特殊性决定了其生活作风并非个人的私事。习近平同志在《之江新语》中指出：“风成于上，俗形于下。领导干部的生活作风和生活情趣，不仅关系着本人的品行和形象，更关系到党在群众中的威信和形象，对社会风气的形成、对大众生活情趣的培养，具有‘上行下效’的示范功能。”

当前，领导干部的生活作风总体上是健康的、积极的，这是主流。但问题也比较严重。这些问题突出表现在：一是吃喝玩乐，挥霍无度。有的领导干部在饮食上十分铺张，讲究山珍海味、名酒佳酿；以出公差名义游览风景名胜；巧立名目，出国考察；挥金如土，穷奢极欲。二是在生活上攀比斗富，铺张浪费，讲究排场。三是好逸恶劳，不思进取。思想空虚，精神萎靡，贪图享受，得过且过。四是迷恋女色，自甘堕落。这些不良的生活作风严重败坏了党的形象，损害了党群关系。

“巴豆虽小坏肠胃，酒杯不深淹死人”。领导干部因其特殊的社会地位，其生活作风具有强大的示范性和辐射力，看似小事小节的生活作风，处处有党性、有原则、有人格。生活作风如不加以监督规范，就会滋生贪污腐败。习近平同志指出：“一名领导干部的蜕化变质往往就是从生活作风不检点、生活情趣不健康开始的，往往都是从吃喝玩乐这些看似小事的地方起步的。如果领导干部生活作风上不检点、不正派，在道德情操上打开了缺口，出现了滑坡，那就很难做到清正廉洁，很难对社会风气起到正面引导和促进作用。”

习近平总书记以身示范，从赴广东考察工作时吃自助餐，到赴河北调研时吃大盆菜；从在湘西同村民一起摘柚子，去北京庆丰包子铺排队点餐，到款待来大陆参访的连战伉俪吃家常菜，看似都是关乎言行的一些小事小节，但却反映出习近平总书记良好的生活作风，给全国党员干部做出了典范。党的作风就是党的形象，关系人心向背，关系党的生死存亡。党的十八大以来，党中央以作风建设为切入点和着力点，开启了全面从严治党的新征程。习近平总书记关于作风建设的重要论述，开辟了我们党作风建设新境界。

深度思考

1. 领导干部如何提高自身拒腐防变的能力？

2. 当前领导干部的生活作风存在哪些比较严重的问题？

3. 习近平总书记关于领导干部的生活作风有哪些经典论述？

第二十种　作奸犯科

理想信念坍塌，精神钙质流失，这是一些领导干部贪污受贿的思想根源。搞“封建迷信”，相信神灵相助，这是奉永德自欺欺人的荒唐做法。贪污受贿是违规违纪行为，作奸犯科的事情又岂能通过“做法事”来求得平安？党员干部应该有党员干部的信仰和党员干部的理想。不要以为有道长“做法”、有神仙护佑就可以胡作非为，要遵纪守法，踏踏实实做事，清清白白做人，始终牢记“手莫伸，伸手必被捉”。

经典论述

邓小平同志说过："在中国来说，谁有资格犯大错误？就是中国共产党。"那么在党内，谁有资格犯大错误？我看还是高级干部。高级干部一旦犯错误，造成的危害大，对党的形象和威信损害大。我们绝大多数党的高级干部在思想上、政治上、作风上是过硬的。但是，也有少数高级干部身居高位久了，慢慢疏远了群众，出现了这样那样脱离群众的现象，个别的甚至违法乱纪、以权谋私、腐化堕落。高级干部必须时刻警醒自己，做到自重自省自警自励。

——中共中央纪律检查委员会、中共中央文献研究室：《习近平关于严明党的纪律和规矩论述摘编》，中央文献出版社、中国方正出版社 2016 年版，第 95—96 页。

全面加强党的纪律建设，督促领导干部特别是高级干部严于律己、严负其责、严管所辖，对违反党纪的问题，发现一起坚决查处一起。坚持党性党风党纪一起抓，从思想上固本培元，提高党性觉悟，增强拒腐防变能力，涵养富贵不能淫、贫贱不能移、威武不能屈的浩然正气。

——习近平：《高举中国特色社会主义伟大旗帜　为全面建设社会主义现代化国家而团结奋斗——在中国共产党第二十次全国代表大会上的报告》（2022 年 10 月 16 日），人民出版社 2022 年版，第 68—69 页。

三国·蜀·诸葛亮《出师表》："若有作奸犯科及为忠善者，宜付有司，论其刑赏。"作奸犯科，主要是指为非作歹，触犯法令，干违法乱纪的事。古往今来许多违纪违法者的典型案例告诉我们，大凡作奸犯科，多是无视法纪甚至以身试法者。邓小平同志指出："谁也不能违反党章党纪，不管谁违反，都要受到纪律处分，也不许任何人干扰党纪的执行，不许任何违反党纪的人逍遥于纪律制裁之外。只有真正坚决地做到了这些，才能彻底解决搞特权和违法乱纪的问题。"[①]

一、党纪国法不能成为"橡皮泥"、"稻草人"，违纪违法都要受到追究

党的十八大以来，习近平总书记站在党和国家工作全局的高度，全面推进党的建设，坚持全面从严治党，发表了一系列重要论述，深刻阐释了党风廉政建设和反腐败斗争的重大理论问题和实践问题，为新形势下深入推进党风廉政建设和反腐败斗争提供了思想武器和行动指南。习近平总书记指出："党纪国法不能成为'橡皮泥'、'稻草人'，违纪违法都要受到追究。""要坚持法治、反对人治，对宪法法律始终保持敬畏之心，带头在宪法法律范围内活动，严格依照法定权限、规则、程序行使权力、履行职责，做到心中高悬法纪明镜、手中紧握法纪戒尺，知晓为官做事尺度。"要让每一个干部牢记"手莫伸，伸手必被捉"的道理。"见善如不及，见不善如探汤。"领导干部要心存敬畏，不要心存侥幸。

党的十九大以来，我们贯彻落实新时代党的建设总要求，坚持把

① 邓小平：《党和国家领导制度的改革》（1980年8月18日），《邓小平文选》第二卷，人民出版社1994年版，第332页。

党的政治建设摆在首位，深化运用监督执纪“四种形态”，反腐败斗争取得压倒性胜利并全面巩固，着力惩治群众身边的腐败问题，完善党和国家监督体系，取得了新的重大成果，为实现党和国家事业新发展提供了坚强保障。我们要从严重违纪违法的反面教材中总结反思、吸取教训、引为戒鉴，尤其要深刻认识违反党的政治纪律和政治规矩的严重危害，深入剖析反面典型，严重违纪违法的思想根源，警醒自省，举一反三，切实增强践行“严于律己、严负其责、严管所辖”的思想自觉和行动自觉。中央纪委国家监委和地方各级纪委监委在党中央坚强领导下，集中整治形式主义、官僚主义，把形式主义、官僚主义问题作为监督重点，对问题集中的地区、部门和单位开展专项督导，抓住典型、严肃问责。深化运用监督执纪“四种形态”，“运用第一种形态以教育帮助为主谈话函询、提醒批评 627.8 万人次，占总人次的 67.2%；运用第二种形态给予轻处分、组织调整 237.8 万人次，占 25.5%；运用第三种形态给予重处分、职务调整 35.4 万人次，占 3.8%；运用第四种形态处理严重违纪违法、触犯刑律的 32.6 万人次，占 3.5%，其中涉嫌职务犯罪、移送检察机关的 8.7 万人，因其他犯罪被司法机关判处刑罚后移送纪检监察机关作出开除党籍、开除公职处分的 23.9 万人”[①]，监督执纪由“惩治极少数”向“管住大多数”拓展。教育帮助违纪违法的党员干部纠错改过、回归正道，真正把惩前毖后、治病救人方针落到实处。比如严肃查处部分党员干部对党不忠诚不老实的两面派、两面人；坚持从政治纪律查起，彻底查处秦岭北麓西安境内违建别墅整而未治、阳奉阴违的问题，发挥警示教育作用；立足职责定位，参加调查督办湖南洞庭湖违规违法建设矮围、

① 《十九届中央纪律检查委员会向中国共产党第二十次全国代表大会的工作报告》（2022 年 10 月 22 日中国共产党第二十次全国代表大会通过），《人民日报》2022 年 10 月 28 日。

京津冀违建大棚房、长春长生公司问题疫苗等背后的责任问题、腐败问题、作风问题。

深刻吸取违纪违法反面典型的沉痛教训。领导干部走上违纪违法的道路，原因是多方面的，既有客观原因，也有主观原因，既有现实原因，也有历史原因。

第一，历史文化的影响。中国传统历史文化提倡礼教名分、主张“德主刑辅”，忽略了法律规范的约束作用，造成人们的公民意识、法治观念较为缺失，法规制度缺乏外在的监督力量，制约了法律法规的有效落实。同时，一些封建思想文化残余，诸如官本位思想、特权意识、人治观念等仍有市场，以权乱法现象时有发生，影响着反腐倡廉法规制度作用的发挥。

第二，外部环境的因素。我国社会正处在转型过程中，改革开放和发展社会主义市场经济，改变了原有资源配置方式和组织管理模式，多种人际关系、利益关系对党内生活带来不可低估的负面影响。一方面，一些不法分子追求利益最大化，使用多种手段拉拢腐蚀领导干部，甚至设下布局，获取非法利益，使领导干部被“围猎”。另一方面，社会和个人财富的增长，也使一些领导干部经不住利益诱惑，心理失衡，权钱交易，形成内外因素叠加。

第三，机制体制的原因。改革开放以来，随着领导干部参加社会活动多，与各类人员打交道多，个人支配的时间多，而对领导干部的监督存在缺位和软弱乏力，为权力滥用、腐败的滋生留下了空隙。“牛栏关猫，进出自由”。如果领导干部不主动增强监督的自我意识，难免陷入迷途，甚至自毁前程，身败名裂。在违纪违法案例处理方面，有些应该严厉惩处的没有得到严厉处理。对发生在一些领导干部身上的问题，即使作出了处理，但处理上没有触到痛处，击中要害，仍然故我，个人没有付出代价，连起码的警示作用都没有，更谈不上起到震慑作用。

第四，思想霉变是内因。纵观党的十八大以来各级纪检监察机关通报的各类违纪违法案件，绝大多数落马官员存在理想信念缺失、大搞形式主义等问题。那么，理想信念缺失与形式主义之间有没有必然联系？一些党员、干部抓学习形式大于内容，片面追求高大上而不问实际效果。有的甚至把学习党的理论作为“门面”工程，书柜里的马列著作从未认真读过，只是作为装饰品，个人学习体会文章多为下属操刀代笔。学习上走过场、搞作秀，理想信念“总开关”就会锈蚀松动、跑冒滴漏，思想就会趋于庸俗化，作风就会华而不实，进而大搞形式主义。

党的十九大到党的二十大的五年，纪检监察机关把握党性党风党纪内在联系，把握“四风”与腐败风腐同源、风腐一体特征，始终把中央八项规定精神作为长期有效的铁规矩、硬杠杠，一年接着一年抓，以钉钉子精神纠“四风”树新风。五年来，全国纪检监察机关共查处形式主义、官僚主义问题28.2万个，批评教育帮助和处理42.5万人，其中给予党纪政务处分25.3万人。①

二、领导干部要常怀敬畏之心、常持律己之念

《菜根谭》说：“自天子以至于庶人，未有无所畏惧而不亡者也。”这提醒我们，特别是领导干部，不管是上至天子，还是下至平民百姓都要心存敬畏之心，都要有“怕”的思想。只有“怕”的思想才能做到自我约束，自我克制；才能知道哪些可为，哪些不可为；才能善始善终。

“凡善怕者，必身有所正，言有所规，行有所止。”一个知道敬畏的

---

① 《十九届中央纪律检查委员会向中国共产党第二十次全国代表大会的工作报告》（2022年10月22日中国共产党第二十次全国代表大会通过），《人民日报》2022年10月28日。

人，他每天都如临深渊，如履薄冰，时刻想到尊奉法度，守住底线，知道哪些该做，哪些不该做。他会“吾日三省吾身”，正常照镜子、正衣冠、洗洗澡，从而达到治治病的目的。常怀敬畏之心，敬畏国家法律法规，敬畏党的纪律，敬畏公道人心，守住边界，不踩红线，自觉守纪律、讲规矩，明底线、知敬畏。党员领导干部要“战胜自己”，就要常除思想之尘，时刻检点自己的行为，使自己的思想长期“保质保鲜”，不让贪腐“细菌”侵入身体。要常怀律己之心，培养和强化自我约束、自我控制的意识和能力，从内心筑牢抵制贪欲的防线，在欲望诱惑面前多些“不见为妙”，少些心乱如麻，把诱惑关在心门之外，做到“任凭风吹浪打，我自岿然不动”不触犯党纪国法，不干作奸犯科的事情。

相反，如果人一旦失去了敬畏之心，天不怕，地不怕，骄傲自满，肆无忌惮，为所欲为，想干什么就干什么，那将走向灭亡之路。夏桀无道，他无所敬畏，把自己比作太阳，为了享受，他“筑倾宫、饰瑶台、作琼室、立玉门”。大臣关龙逄直言上谏，劝他改邪归正，遭受了他的炮烙之刑；东方商部落首领汤劝他收敛劣行，被他囚禁在监狱——夏台。夏桀倒行逆施，一代帝王最后落得身死国亡的下场。

在 1958 年 5 月党的八大二次会议上，毛泽东同志严厉批评了令人厌恶的官气：“有些干部是老子天下第一，看不起人，靠资格吃饭，做了官，特别是做了大官，就不愿意以普通劳动者的姿态出现。”现在，有的当官做老爷，违反民主集中制，搞“家长制”“一言堂”，独断专行；有的拍脑袋决策，一意孤行；有的任人唯亲，拉山头、结“小圈子”，培植个人势力；有的甚至把主政领域当作“独立王国”“私人领地”等等。这些人把本应履职尽责的政治“责任田”当作了个人的“一亩三分地”，一手遮天、胡作非为，最终身陷囹圄，令人不齿。“强横者不得好死”，他们不知敬畏，无所顾忌，或身陷囹圄，锒铛入狱；或家破人亡，身败名裂。

第一，领导干部要有敬畏之心。“行无羁，思无邪，有敬畏。”领导干部思想要纯正，行为要有约束，要常怀敬畏之心，敬畏法纪，敬畏民意，敬畏权力。要时时刻刻想着法律制度摆在那里，不可触犯，不可碰撞，要想到触犯法律、制度是要受到惩罚的，是要碰得头破血流的，是要身败名裂、妻离子散的。有了这敬畏法律、制度之心，自然就会小心翼翼，不触红线，不触底线；就会做到把纪律规矩挺在前面，自觉做到清正廉洁、洁身自好。

第二，领导干部要敬畏民意，要时刻想到民意与天意相通，民意代表天意。民意不可犯，民意不可欺。这就要学习践行习近平总书记“我将无我、不负人民”的觉悟情怀、精神境界，以身许党许国，当好党和人民的忠诚卫士。领导干部作为人民公仆，其天职就是全心全意为人民服务，必须始终将人民利益高高举过头顶，始终坚持以人民为中心的发展思想，在制定制度、执行决策、安排工作等一切从政行为中，要始终做到以百姓之心为心，想群众之所想，急群众之所急，解群众之所难，抛开部门的束缚，冲破固有的利益藩篱，反映人民的根本意志，代表人民的根本利益。敢于担当也是把我国建成富强民主文明和谐美丽的社会主义现代化强国的必然要求。空谈误国，实干兴邦。常怀敬畏之心，不为荣耀光环而急功近利，不为邀功请赏而弄虚作假，不为谋官谋位而搞形象工程、样子工程，踏踏实实、本本分分，干出经得起历史和人民检验的实绩。

第三，领导干部要敬畏权力。习近平总书记指出：“国家之权乃是‘神器’，是个神圣的东西。公权力姓公，也必须为公。”[①] 领导干部必须正确对待权力，坚决反对特权思想和特权意识，要牢记党的宗旨，牢记

① 习近平：《在新的起点上深化国家监察体制改革》（2018 年 12 月 13 日），《求是》2019 年第 5 期。

权力姓公不姓私，牢记党纪国法，坚守底线、不碰红线，切实增强反对特权思想和特权意识的自觉性坚定性。领导干部要始终把维护党的利益、维护最广大人民根本利益作为一切工作的出发点，正确处理情与法、利与法、权与法的关系，坚持把群众满意作为行使权力的根本标准，真正为人民掌好权、用好权。老实做人，诚实为官，廉洁从政，耐得住清贫，顶得住歪风，经得住诱惑，管得住自己。

“举头三尺有神明。”领导干部一定要常怀敬畏之心、常持律己之念，时刻想到上天在看着，法律制度在摆着，人民群众在盯着。要时刻把“敬畏”二字铭记心田，刻入骨髓，不恣意妄为，不有恃无恐。

三、领导干部一定要严以用权

方志敏投身革命以后，担任过许多重要的领导职务，但他从来不利用职务之便搞特权，谋私利，始终做到严以用权，公私分明，先公后私，克己奉公，以自己的言行诠释着共产党人干净的内涵、清廉的本色。有史料记载，闽浙赣苏区建立后，方志敏担任苏维埃主席，身居高位，经他手处理的钱达几百万，而他的家中被烧被劫十余次，日子过得十分艰难，母亲迫于无奈向他要钱，他说：“姆妈，我是当主席，可当的是穷人的主席，哪里是官？饷银嘛，将来会发，现在没得发。”他的婶婶们也来讨盐钱，他回答说：“要是我拿革命的花边来给婶婶们买盐，这穷人的主席我还当得？”妻子被捕时，妻兄向他要400大洋保释，硬是被方志敏严词拒绝了。公权是公器，公权不私，谋私即盗。严以用权，核心是“权”，主旨是“用”，标准是“严”，重点是保证用权不出轨，不失控，不缺位，不越位，不滥用，不怠用，不侵权，不谋私，不搞特殊。也正因如此，在从事革命斗争的生涯中，方志敏对自己、对身边的亲人，“严”到份上，决不开任何“口子”，决不搞“下不为例”。苏维埃政府有时背着他给他的父母一点额外照顾。方志敏发现后，总是毫无例外地亲自上门，严肃制止。这种严以用权的精神可敬、作风可亲、品行可学。[①]

党的十八大以来，习近平总书记领导我们党开展史无前例的反腐败斗争，十年磨一剑，实现反腐败领导体制重塑、组织机构重塑、工作力量重塑、责任体系重塑、执纪执法机制重塑，反腐败斗争取得压倒性胜利并全面巩固。党的十九大后，始终保持反腐败斗争高压态势，保持惩治腐败的强大力量，坚持无禁区、全覆盖、零容忍，反腐败斗争一刻不停向纵深推进。“坚持党内没有不受约束的特殊党员、在贪腐问题上没有‘铁帽子王’，坚决惩治利用公权力及其影响力谋取私利的腐败问题和特权行为，综合运用政治、纪律、法治方式，查处一批多年积累的领导干部子女亲属严重违纪违法案件，防范形成利益集团、权势团体、特权阶层。深入整治‘影子公司’、‘影子股东’等新型腐败和隐性腐败。坚决查处行贿行为，对多次行贿、巨额行贿以及向多人行贿等五类对象严肃惩治，与最高人民检察院联合发布行贿犯罪典型案例，健全对行贿人联合惩戒机制。”[②]习近平总书记在党的二十大报告中指出：“坚持不敢腐、不能腐、不想腐一体推进，同时发力、同向发力、综合发力。以零容忍态度反腐惩恶，更加有力遏制增量，更加有效清除存量，坚决查处政治问题和经济问题交织的腐败，坚决防止领导干部成为利益集团和权势团体的代言人、代理人，坚决治理政商勾连破坏政治生态和经济发展环境问题，决不姑息。深化整治权力集中、资金密集、资源富集领域的腐败，坚决惩治群众身边的‘蝇贪’，严肃查处领导干部配偶、子女及其配偶

---

① 参见林伟：《照照方志敏“严以用权”这面镜子》，人民网—理论频道2018年9月21日。

② 《十九届中央纪律检查委员会向中国共产党第二十次全国代表大会的工作报告》（2022年10月22日中国共产党第二十次全国代表大会通过），《人民日报》2022年10月28日。

等亲属和身边工作人员利用影响力谋私贪腐问题，坚持受贿行贿一起查，惩治新型腐败和隐性腐败。”“教育引导广大党员、干部增强不想腐的自觉，清清白白做人、干干净净做事。”①

“严以用权”，首先要解决的就是权力观的问题，搞清楚我们的权力从何而来，手中握着权力意味着什么。对这个问题，习近平总书记作了最好的回答，我们手中的权力是党和人民赋予的，是为党和人民谋事的，只能用来为党分忧、为国干事、为民谋利；公权为民，一丝一毫都不能私用。严以用权，不是空洞的口号，而是内涵丰富的为官之道。在人民面前，权力只有服务；在法纪面前，权力只有服从。牢记“权为民赋”，坚持秉公用权。用权为“公”还是为“私”，是检验领导干部能否正确行使权力、宗旨观念强弱的重要标志。牢记“权有约束”，坚持依法用权。权力是有边界的，这个边界就是党纪国法。强化纪律约束，牢记“权受监督”，坚持廉洁用权。党员领导干部要不忘初心，践行“三严三实”，必须落细落小，多积尺寸之功，经常防微杜渐。牢记“权即是责”，坚持尽责用权。权力是责任，权力越大，责任也就越大。

典型案例

领导干部应管好家人伸向权力的手

要想人不知，除非己莫为。既然敢作奸犯科，就别想逃脱党纪国法的制裁。这不，该来的终归还是来了：日前，经四川省委批准，省纪委监委对广安市委原副书记严春风严重违纪违法问题进行了立案审查调查。

---

① 习近平：《高举中国特色社会主义伟大旗帜 为全面建设社会主义现代化国家而团结奋斗——在中国共产党第二十次全国代表大会上的报告》（2022 年 10 月 16 日），人民出版社 2022 年版，第 69 页。

经过调查，四川省纪委决定给予严春风开除党籍处分；由省监委给予其开除公职处分。

回望过去这半年多时间，这个曾大权在握的“严书记”，一度成为互联网上的“网红”。当然，这个“网红”不是靠直播吸睛，而是火于“夫人反腐”带出来的网络舆情。透过“夫人反腐”这层面纱，“严书记”落马也折射出腐败、特权的影子。

“严书记”跃入人们眼帘则是因为一组微信群聊截图。当时，群内署名为“严某某妈妈”的人士因孩子受到委屈，让老师给严某某道歉，还称学校已经对老师做开除处理。权力如此任性，家人如此嚣张，“严书记”随即在网上引发轩然大波。新晋“网红”，也由此正式诞生。

随着“严书记”汹涌的舆情，一份内部的《情况报告》在网上传开，剧情变得更狗血，甚至更传奇：《情况报告》称严春风早已离婚，还是因为女方出轨，意图撇开自身嫌疑。然而如此表述却只是应了如今的落马通报所述：不如实报告个人婚姻状况、房产、持有股票等有关事项。

人前一套、人后一套，人前说人话、人后说鬼话，“严书记”再次树起了“典型”。“表面洁身自好，作风正派，实则道貌岸然，腐化堕落；表面清正廉洁，两袖清风，内里贪欲膨胀，唯利是图。”从四川省纪委监委通报来看，这个“两面派”“两面人”的“称谓”也并没有冤枉“严书记”。

没有规矩，不成方圆。做官就必须遵守做官的规矩，决不能利用手中的权力恣意妄为、逾越底线。从“严书记”落马的通报来看，他违反组织纪律、廉洁纪律、生活纪律，真可谓“底线规矩已经抛到了九霄云外”。但如此作奸犯科只是“严书记”咎由自取，怨不得别人。

管好家人，自来都不是一句空话。这个“严书记”的落马，就是从“严某某妈妈”发言开始的。尽管后面的剧情十分狗血，但“严书记”因其落马却是板上钉钉的事实。可见，领导干部不仅要对自己严格管理，对家人的要求也绝不能放松。领导干部若平时不严格要求自己，不严格要求家人，最终会滑向犯罪深渊。

搞腐败、耍特权，必然要付出代价。而今“严书记”被双开，又是“伸手必被捉”的一个鲜活案例。教训是深刻的，必须予以牢记。“严书记”事件对于领导干部而言也是一个深刻警示，警示着领导干部必须本分和清廉，必须敬畏公众赋予的权力，绝不能用手中权力为自己牟取利益。

（资料来源：人民网—中国共产党新闻网 2017 年 7 月 24 日）

案例启示

领导干部锤炼拒腐防变道德意志之五维吁求

作为道德范畴意蕴内核的道德意志，不仅是实践主体于履行道德义务过程中体露的奋力克服一切障碍而实施抉择的顽强精神，而且是构成个人道德禀赋的关键元素。至于领导干部，我们必须竭力锤炼拒腐防变的道德意志，持续提升党的纯洁性。“没有伟大的意志力，就不可能有雄才大略。”

一要科学认知道德意志的生发规律。道德意志的培育涵盖三阶段：首先，厘定道德意向。它是道德主体指向未来的主观吁求，内嵌非常具体的求索客体和特殊期待。其次，确立道德计划。道德意向厘定后，必须探寻将其实现的最佳手段和便捷路径。最后，践行道德计划。这必须付出巨大的热情、智慧和体力，以消解先前的消极品质，同时应因新变化而及时调整践行的方式方法。

二要全力锤炼道德自制力。作为确保德性行为良性运行的自制力，不仅是意志活动不偏离目标轨道而沿着有序性、方向性和稳定性前行的能力，而且是意志品格的精髓和一切美德之基。领导干部倘若让感性、欲望成为理性、意志的主宰，必然道德失范而作奸犯科。因此，领导干部须时时、处处自重、自省、自警、自励，“狠斗动摇一闪念”。“哪怕对自己一点小的克制，都会使人变得强而有力。”

三要高度重视道德践履。形塑于长期社会实践中的道德意志品质，乃是个体充分激活主体能动性而在搏击困难的行动中凸显出来的。欲道德践履，必须在艰难、严峻的环境和条件中磨炼意志，淬火成钢。“士不可以不弘毅，任重而道远。”所有伟人，无不是在战胜种种困难，剔除人性弱点，培养顽强意志品质中百炼成钢的。

四要培养道德行为的果断性和坚韧性。首先，道德意志的果断性，即在道德活动中，借助缜密思考，快速正确地做出善恶评判并立即实施行为的意志品质。该果断性必须基于主体的理性、审慎及对客观规律的深透认知和科学把握之上，而绝非“拍脑袋”、盲目蛮干和个人英雄主义。其次，道德意志的坚韧性，即一种能持久的为实现目标而打拼的“挣命”之力，体现为斗志昂扬、坚毅无畏、永不懈怠、愈挫愈奋。

五要真正实现“慎欲”和“慎独”。首先，必须“慎欲”。管控欲望的自制力展示于两个向度：寻求正当的、合理的、适度的欲望，表现德性行为；节制、调控、转化自己的欲望，遏制非德性行为。“经得起各种诱惑和烦恼的考验，才算达到了最完美的心灵健康。”其次，必须“慎独”。愈是在监管缺失、无人留意之时、之地，愈要自我克制，愈要自己“管口、管眼、管耳、管手、管腿”。

深度思考

1. 使领导干部一步步走向违法乱纪、作奸犯科道路的内外因有哪些？

2. 结合领导干部的自我管理，谈谈如何理解这句话：“哪怕对自己一点小的克制，都会使人变得强而有力。”

3. 领导干部应如何管好自己的家人？

附　录

坚定不移全面从严治党，深入推进新时代党的建设新的伟大工程 *

全面建设社会主义现代化国家、全面推进中华民族伟大复兴，关键在党。我们党作为世界上最大的马克思主义执政党，要始终赢得人民拥护、巩固长期执政地位，必须时刻保持解决大党独有难题的清醒和坚定。经过十八大以来全面从严治党，我们解决了党内许多突出问题，但党面临的执政考验、改革开放考验、市场经济考验、外部环境考验将长期存在，精神懈怠危险、能力不足危险、脱离群众危险、消极腐败危险将长期存在。全党必须牢记，全面从严治党永远在路上，党的自我革命永远在路上，决不能有松劲歇脚、疲劳厌战的情绪，必须持之以恒推进全面从严治党，深入推进新时代党的建设新的伟大工程，以党的自我革命引领社会革命。

我们要落实新时代党的建设总要求，健全全面从严治党体系，全面推进党的自我净化、自我完善、自我革新、自我提高，使我们党坚守初心使命，始终成为中国特色社会主义事业的坚强领导核心。

---

* 本部分摘自习近平：《高举中国特色社会主义伟大旗帜　为全面建设社会主义现代化国家而团结奋斗——在中国共产党第二十次全国代表大会上的报告》（2022 年 10 月 16 日），人民出版社 2022 年版，第 63—70 页。

（一）坚持和加强党中央集中统一领导。党的领导是全面的、系统的、整体的，必须全面、系统、整体加以落实。健全总揽全局、协调各方的党的领导制度体系，完善党中央重大决策部署落实机制，确保全党在政治立场、政治方向、政治原则、政治道路上同党中央保持高度一致，确保党的团结统一。完善党中央决策议事协调机构，加强党中央对重大工作的集中统一领导。加强党的政治建设，严明政治纪律和政治规矩，落实各级党委（党组）主体责任，提高各级党组织和党员干部政治判断力、政治领悟力、政治执行力。坚持科学执政、民主执政、依法执政，贯彻民主集中制，创新和改进领导方式，提高党把方向、谋大局、定政策、促改革能力，调动各方面积极性。增强党内政治生活政治性、时代性、原则性、战斗性，用好批评和自我批评武器，持续净化党内政治生态。

（二）坚持不懈用新时代中国特色社会主义思想凝心铸魂。用党的创新理论武装全党是党的思想建设的根本任务。全面加强党的思想建设，坚持用新时代中国特色社会主义思想统一思想、统一意志、统一行动，组织实施党的创新理论学习教育计划，建设马克思主义学习型政党。加强理想信念教育，引导全党牢记党的宗旨，解决好世界观、人生观、价值观这个总开关问题，自觉做共产主义远大理想和中国特色社会主义共同理想的坚定信仰者和忠实实践者。坚持学思用贯通、知信行统一，把新时代中国特色社会主义思想转化为坚定理想、锤炼党性和指导实践、推动工作的强大力量。坚持理论武装同常态化长效化开展党史学习教育相结合，引导党员、干部不断学史明理、学史增信、学史崇德、学史力行，传承红色基因，赓续红色血脉。以县处级以上领导干部为重点在全党深入开展主题教育。

（三）完善党的自我革命制度规范体系。坚持制度治党、依规治党，以党章为根本，以民主集中制为核心，完善党内法规制度体系，增强党内法规权威性和执行力，形成坚持真理、修正错误，发现问题、纠正偏差的机制。健全党统一领导、全面覆盖、权威高效的监督体系，完善权力监督制约机制，以党内监督为主导，促进各类监督贯通协调，让权力在阳光下运行。推进政治监督具体化、精准化、常态化，增强对“一把手”和领导班子监督实效。发挥政治巡视利剑作用，加强巡视整改和成果运用。落实全面从严治党政治责任，用好问责利器。

（四）建设堪当民族复兴重任的高素质干部队伍。全面建设社会主义现代化国家，必须有一支政治过硬、适应新时代要求、具备领导现代化建设能力的干部队伍。坚持党管干部原则，坚持德才兼备、以德为先、五湖四海、任人唯贤，把新时代好干部标准落到实处。树立选人用人正确导向，选拔忠诚干净担当的高素质专业化干部，选优配强各级领导班子。坚持把政治标准放在首位，做深做实干部政治素质考察，突出把好政治关、廉洁关。加强实践锻炼、专业训练，注重在重大斗争中磨砺干部，增强干部推动高质量发展本领、服务群众本领、防范化解风险本领。加强干部斗争精神和斗争本领养成，着力增强防风险、迎挑战、抗打压能力，带头担当作为，做到平常时候看得出来、关键时刻站得出来、危难关头豁得出来。完善干部考核评价体系，引导干部树立和践行正确政绩观，推动干部能上能下、能进能出，形成能者上、优者奖、庸者下、劣者汰的良好局面。抓好后继有人这个根本大计，健全培养选拔优秀年轻干部常态化工作机制，把到基层和艰苦地区锻炼成长作为年轻干部培养的重要途径。重视女干部培养选拔工作，发挥女干部重要作用。重视培养和用好少数民族干部，统筹做好党外干部工作。做好离退休干部工作。加强和改进公务员工作，优化机构编制资源配置。坚持严管和厚爱相结合，加强对干部全方位管理和经常性监督，落实“三个区分开来”，激励干部敢于担当、积极作为。关心关爱基层干部特别是条件艰苦地区干部。

（五）增强党组织政治功能和组织功能。严密的组织体系是党的优势所在、力量所在。各级党组织要履行党章赋予的各项职责，把党的路线方针政策和党中央决策部署贯彻落实好，把各领域广大群众组织凝聚好。坚持大抓基层的鲜明导向，抓党建促乡村振兴，加强城市社区党建工作，推进以党建引领基层治理，持续整顿软弱涣散基层党组织，把基层党组织建设成为有效实现党的领导的坚强战斗堡垒。全面提高机关党建质量，推进事业单位党建工作。推进国有企业、金融企业在完善公司治理中加强党的领导，加强混合所有制企业、非公有制企业党建工作，理顺行业协会、学会、商会党建工作管理体制。加强新经济组织、新社会组织、新就业群体党的建设。注重从青年和产业工人、农民、知识分子中发展党员，加强和改进党员特别是流动党员教育管理。落实党内民主制度，保障党员权利，激励党员发挥先锋模范作用。严肃稳妥处置不合格党员，保持党员队伍先进性和纯洁性。

（六）坚持以严的基调强化正风肃纪。党风问题关系执政党的生死存亡。弘扬党的光荣传统和优良作风，促进党员干部特别是领导干部带头深入调查研究，扑下身子干实事、谋实招、求实效。锲而不舍落实中央八项规定精神，抓住"关键少数"以上率下，持续深化纠治"四风"，重点纠治形式主义、官僚主义，坚决破除特权思想和特权行为。把握作风建设地区性、行业性、阶段性特点，抓住普遍发生、反复出现的问题深化整治，推进作风建设常态化长效化。全面加强党的纪律建设，督促领导干部特别是高级干部严于律己、严负其责、严管所辖，对违反党纪的问题，发现一起坚决查处一起。坚持党性党风党纪一起抓，从思想上固本培元，提高党性觉悟，增强拒腐防变能力，涵养富贵不能淫、贫贱不能移、威武不能屈的浩然正气。

（七）坚决打赢反腐败斗争攻坚战持久战。腐败是危害党的生命力和战斗力的最大毒瘤，反腐败是最彻底的自我革命。只要存在腐败问题产生的土壤和条件，反腐败斗争就一刻不能停，必须永远吹冲锋号。坚持不敢腐、不能腐、不想腐一体推进，同时发力、同向发力、综合发力。以零容忍态度反腐惩恶，更加有力遏制增量，更加有效清除存量，坚决查处政治问题和经济问题交织的腐败，坚决防止领导干部成为利益集团和权势团体的代言人、代理人，坚决治理政商勾连破坏政治生态和经济发展环境问题，决不姑息。深化整治权力集中、资金密集、资源富集领域的腐败，坚决惩治群众身边的“蝇贪”，严肃查处领导干部配偶、子女及其配偶等亲属和身边工作人员利用影响力谋私贪腐问题，坚持受贿行贿一起查，惩治新型腐败和隐性腐败。深化反腐败国际合作，一体构建追逃防逃追赃机制。深化标本兼治，推进反腐败国家立法，加强新时代廉洁文化建设，教育引导广大党员、干部增强不想腐的自觉，清清白白做人、干干净净做事，使严厉惩治、规范权力、教育引导紧密结合、协调联动，不断取得更多制度性成果和更大治理效能。

后记

党的作风简称“党风”，是党的性质、宗旨、纲领和路线的集中体现，是党的创造力凝聚力战斗力的重要内容。党风是广大党员尤其是党员干部在工作、学习和生活上表现出来的相对稳定的态度和行为，是党员世界观、人生观、价值观在实践中的集中体现。党风具有很强的直观性，它直接关系到党的形象，关系到人心向背，关系到执政党、政府和国家的前途和命运。习近平总书记指出，得民心者得天下，失民心者失天下，人民拥护和支持是党执政最牢固的根基。党的十八大以来，以习近平同志为核心的党中央，特别强调要加强作风建设。作风问题是执政党生死攸关的重大问题。党只有具备优良的作风才能把人民群众紧紧地凝聚在一起，实现中华民族伟大复兴的中国梦。纵观党的历史，尽管作风问题在不同的历史时期表现形式存在差异，但不管以何种形式表现出来的作风问题最终都会危害到党和人民群众的利益。2013 年 6 月 18 日，习近平总书记在党的群众路线教育实践活动工作会议上强调，这次教育实践活动的主要任务聚焦到作风建设上，集中解决形式主义、官僚主义、享乐主义和奢靡之风这“四风”问题。

党的二十大再次警示全党：党风问题关系执政党的生死存亡，必须密切党同人民群众的血肉联系，党员干部要深入调查研究，扑下身子干实事、谋实招、求实效；必须锲而不舍落实中央八项规定精神，要抓住反复出现的“四风”问题，抓住形式主义、官僚主义新特点深化整治；必须全面加强党的纪律建设，领导干部要严于律己、严负其责、严管所辖，对违反党纪问题发现即查，决不手软、决不姑息。这彰显了党中央持之以恒全面从严治党，推动党的自我革命，推进党风廉政建设和反腐败斗争的坚强决心，也对党员干部力戒形式主义、官僚主义提出了更高的希望和要求，鞭策大家切实提高认识拿出行动。

官僚主义存在一日，形式主义就会猖獗一时。不破除官僚主义，难以根治形式主义。习近平总书记指出，纠正“四风”不能止步，作风建设永远在路上。我们必须对形式主义和官僚主义的表象与根源、症结与危害有清醒的认知。形式主义与官僚主义看似有着不同的表现形式，实则是相互关联、相互作用、相互依存的。反对官僚主义必须纠正形式主义，根治形式主义必须破除官僚主义。

本书针对形式主义官僚主义的二十种表现，从经典论述、典型案例、案例启示、深度思考四个维度对每种形式主义官僚主义作了详细阐述；在内容上，既追求权威性、实时性，也呈现了我们党治理形式主义官僚主义的历史演进脉络。

在本书的撰写过程中，我们广泛听取了相关领域专家学者的意见和建议，并参考了大量优秀的理论成果，在此基础上对一些重大理论问题进行了反复而深入的论证。很多同志协助作者对本书全部内容做了编稿修改工作。在此，向为本书做出贡献的同志们，表达最真挚的感谢！

由于种种因素，本书难免存在不尽如人意之处，我们恳请读者和专家不吝赐教。

顾保国

2022 年 11 月